若者は社会を変えられるか？

中西新太郎

かもがわ出版

若者は社会を変えられるか？ ＊ もくじ

装丁　加門啓子

はじめに

二〇一五年夏、SEALDs（シールズ）の活動をきっかけに、「安全保障法制」に反対する若者たちがにわかに注目を浴びた。実名で、メディアの前で顔をさらし自分の主張をはっきり述べる二〇代、一〇代の若者たち、自分たちのやり方で街頭行動を実行する若者たちのすがたに、多くの大人が驚き、意外だと感じた。東京、大阪、名古屋、札幌、仙台、福岡、沖縄……それぞれの背景はちがっていても、大学生を中心にした若者たちによる、「安全保障法制」反対の行動は全国各地に広がり、高校生たちも自前の組織を立ち上げ運動した。マスメディアがこぞってそのすがたをつたえたことも、若者たちによる斬新な政治行動のスタイルが広く注目を浴びた一因だったろう。若者の政治的アクションに関心が寄せられる状況は、一九七〇年前後の「大学紛争」時以降、絶えて久しくなかった。ざっと半世紀振りのことである。

国会前に集まる若者たちのすがたが驚きをもって迎えられたのは、「日本の若者は政治に無関心だ」という理解が、この数十年間、日本社会の常識になっていたからだろう。大学キャンパスでの学生運動は皆無とは言えないまでも、影を潜め、学生自治会は消滅していった。社会運動分野への若年層の参加も減少がつたえられ、九〇年代末以降は、さまざまな社会活動分野で世代継承の危機が叫ばれるようになった。そうした動向全体が、「現在の若者は社会的関心や政治的関心が薄れている」という印象の根拠となり、政治的に無関心な日本の若者という通念をつくりだしたのである。この通念が強固だからこそ、政治行動に出る若者たちに注目が集まり、「意外だ」という感想が広がる。

若者の政治行動への驚きは、そこで、「どうして突然若者は政治的になったのか？　何が変わったのか？」という疑問へと発展する。「若者は本当に変わったのか？」という疑問も出されることだろう。

冒頭に述べた若者たちのすがたに接し、「変わった」と考えるのは自然だ。そんな若者は一握りに過ぎず、一時のトレンドに踊らされているだけと斜めにみてすますのはまちがいだと筆者も思う。国会前に集まった若者たちは、若者全体のなかでは少数だが、その行動が、これまでにない特徴を持っているなら、それはやはり変化の標《しるし》なのである。何も変わらないと断定してしまうより、行動も意識も変化していそうだと推測する方が実態にそくしているように思う。そう考えた上で、どのような背景があって、どこがどのように変化したのかを検討すべきではないだろうか。

本書はこの点を主題にする。すなわち、現代日本の若者について、どのような歴史的・社会的背景の下で「何が変わったのか」を検討する。

社会環境の変化につれ若者の意識、行動が変わるのは当たり前だから、変わったかどうかをその意味で論じてみても有益とは言えない。社会的・政治的関心と行動という領域に焦点を当て、何が変化しているのかを考えてみたい。安保法制に反対する行動が収束したようにみえる現在では、

「やはり、若者の大半は政治的関心などない、変わっていない」という評価が復活しそうであり、さらに、一八歳選挙権の実現をきっかけに、若者の保守化を指摘する声も強まっている。それらについても視野に入れ検討してゆこう。

これらを考える前に、前置きを二つばかり述べておきたい。

若者を一括りにはできない

ひとつ目は、「若者は……」と一括りに若者を指してしまうことへの違和感である。「いまどきの若者についてどう思いますか」という質問をぶつけられるたびに戸惑いを感じる。「その若者の中に自分も入るのかい？」と、当の若者は内心突っ込みを入れているかもしれない。「若者は……」と口にしたとたん、無謀な一般化に陥ってしまう罠が待ち受けているように感じる。

「君たち、若者は……」と大人が述べるとき、その若者という言葉でイメージする共通の特徴は何だろうか？　自分が若かった頃の若者（自分たち）を無意識のうちにモノサシにして、今の若者を一括りに語ってはいないだろうか。自分たちが不思議に思い理解できない言動にぶつかると、それらをみな若者の特徴に数え上げ、「若者は変わった」と口走るとしたら、それは安易なやり方だ。

ひょっとすると若者に共通する特徴を取り出すのに自分が使っているモノサシが古くさく、不十分かもしれない。理解できない言動について、「わからない、以前とはちがう」と言うのはかまわないが、それらを、「今の若者は……」と、若者の全体像に結びつけるのは、根拠のない飛躍ではないだろうか。

若者の特徴というようなテーマを考えようとするなら、どの時点のどんな若者たちを思い浮かべているかについて自覚的でなければならない。社会のさまざまな領域で生きている若者たちのすがたをリアルにとらえることから始めよう、ということだ。たとえば、後で述べることだが、若者の政治行動が活発になったという変化に注目するのは適切だと思うけれども、その場合の若者をSEALDsのイメージだけで考えてはいけない。

政治への若者のかかわり方ひとつをとっても、「若者が政治に関心を寄せるようになった」(あるいは逆に、「やっぱり若者は政治に無関心」)と、一括りに扱うと実態から離れてしまう。そういう「一括り発想」に対して、SEALDsメンバーが「醒めた」応答をさりげなく繰り返していることは、彼らのスピーチから窺えるはずである。

若者といっても個々バラバラの存在で共通の特徴はない、と言いたいのではない。特徴をつかまえるためにこそ、生きる場所、環境、条件の異なる若者たちの現実をリアルにとらえようと言いたいのだ。そうするためには、決して一括りにできない若者たちの「差異」に対するセンサーを備えていなければならないだろう。

「若者は……」と言うとき、例えば、男性、女性両方のジェンダー(性的マイノリティを含まないこの括り方は不正確だが、それはひとまず措いて)を、両者の環境や条件のちがいを踏まえた上で、双方とも組みこんで考えているだろうか？　女性と男性とではライフコースがいまもなお顕著にちがってしまう日本社会では、大人の「若者」像から、女性のライフコースは事実上念頭におかれないことが多い。たとえば、ニートが問題視されたとき、ニート表象の中心が男性に置かれていたことはその一例である。

男性、女性というちがいだけでなく、若者たちの生きる世界のさまざまなちがいが見過ごされたまま、「若者」が語られることは珍しくない。そのように、「若者とは誰のことを指しているのか」という自問を忘れた「若者は……」言説は、その視野から外れた若者の現実を置きざりにする点で、若者バッシングの一タイプとさえ言える。あからさまなバッシングでないだけに、かえって始末が悪い。

「若者は……」と語り出そうするときのためらい、居心地の悪さについて理解してもらえただろうか。「若者は変わった」と言うときにも、当然ながら、そう述べる「若者」から外れる若者の「リアル」が存在するかもしれない。若者の言動について奇異に感じたり、逆に、「捨てたものじゃない」と感心したりするとき、そう感じるのは、自分のなかに固定した若者イメージがあり、そのイメージをもとに、「若者は変わった」と判断しているのかもしれない。大人の側にひそむそんな固定観念をいったん保留して考えないと、見るべき若者の現実が見えなくなってしまうのではないだろうか。

「若者は……」という語り口の危うさ

もう一つ前置きしておきたいこと。「いまどきの若者は○○だ」といった説明スタイルは若者について述べるときの定型だが、いとも簡単に若者を主語にしてしまってよいのかという疑問がある。若者たちが生きている社会環境や歴史的条件と切り離して意識や行動の特徴だけを取り出すのはおかしいと思うからだ。

たとえば、「今の若者は社会的関心が薄い」と言うとき、問題にされるのは若者の意識がどうかという点だ。そして、「無関心だ」と言ってしまえば、いきおい、次は若者の態度や姿勢を取り上げ問題視したくもなるだろう。考える枠組み・構図がそう仕向ける。「若者よ、もっとしっかりしろ」という激励（説教）に行き着いてしまいがちなのだ。

そもそも、社会的関心とは何を指しているかも検討すべきだが、関心の薄さが仮に言えるとしても、なぜそういう状態が出現しているのか、その背景や条件を考えずに、「若者は」と、もっぱら若者の態度や姿勢に眼を向けるのはまずい。特定の社会的現実の中で生まれる意識や振る舞いを本人の問題という狭い枠内で解釈してしまうからだ。そこから導かれる、「しっかりしろ」「本人が頑張れば何とかなる」といった主張は、若者たちが現に生きている状況や環境と絡み合って存在し現れる態度や意識、言葉をつかまえられず、単純化している。「何も言わず（言えず）黙っているからきっと無関心なんだろう」といった推測は乱暴で、ひょっとすると、現実とはかけ離れた推測になっているかもしれない。意識と現実とは入り組んでいて、興味や関心は外部にそう見えるよう現れないことだって珍しくはない。

もちろん、社会・政治問題にかんする関心の低さを示す調査結果があるのは事実だから、そこから、関心が低いという結論を導くのは当然に思える。たとえば、二〇一六年七月の参議院選挙で初めて実施された一八歳選挙権の結果、一八、一九歳の投票率が五割に満たなかったことは関心の薄さを証明する事例と受けとられた。若者が社会参加に意欲を持たない（持てない）ことや現実の社会的行動・政治行動への参加率が低いことも報告されているから、「日本の若者は政治に無関心だ」という「常識」がやはり正しかった、と言いたくなる。以下に示す政治参加意欲の各国比較をみてそう思っても無理はない。

将来の国や地域の担い手として積極的に政策決定に参加したい

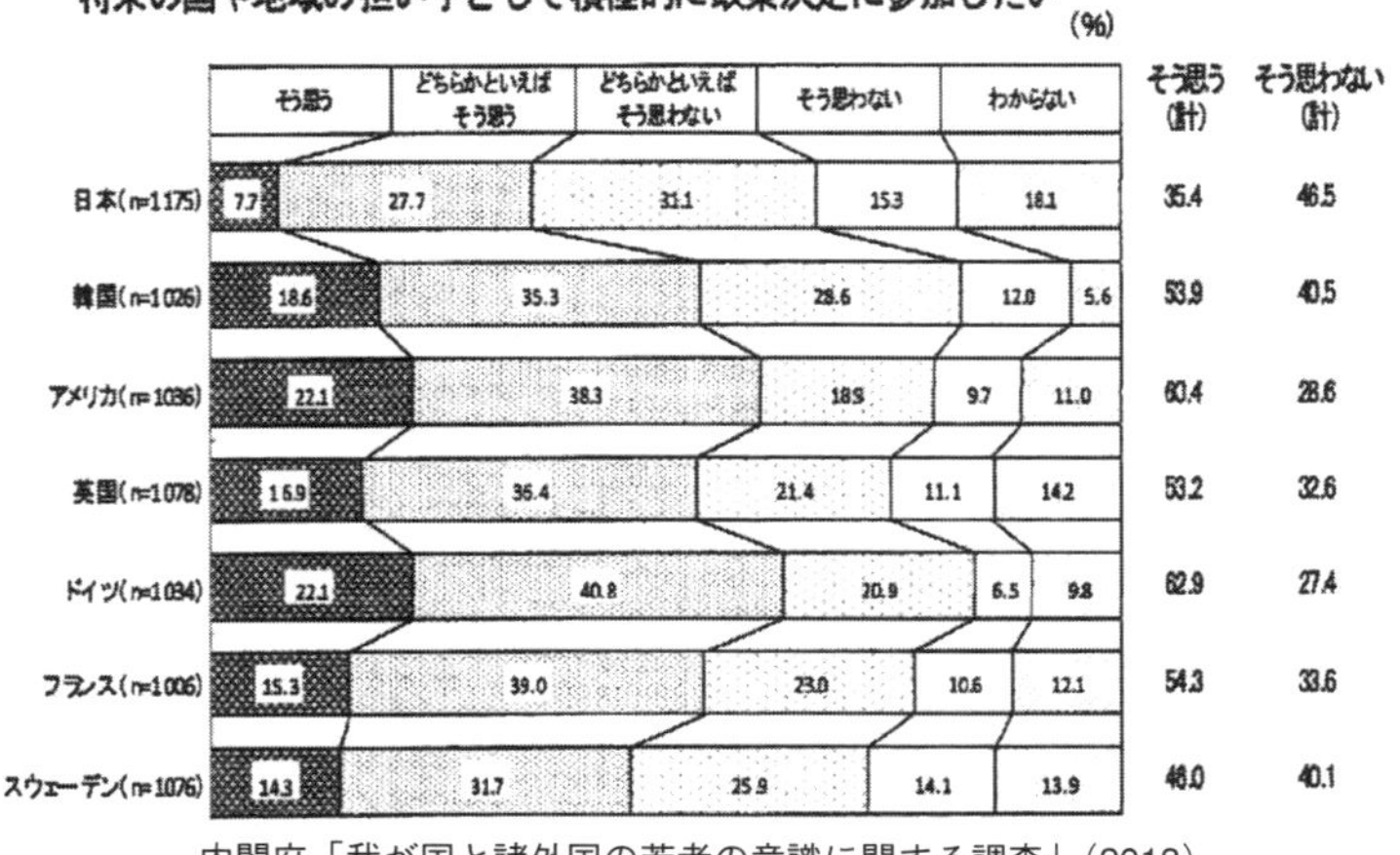

内閣府「我が国と諸外国の若者の意識に関する調査」(2013)

ドイツとの歴然たる差に驚く人は多いはずだ。もっとも、筆者には、今の日本で、三人に一人以上の若者が政策決定に参加したいと答えていることの方に驚きを感じるが。

こうしたデータから、「全体としては日本の若者は政治に無関心だ」という解釈を下すのが適切でないのは、若者を一括りにすべきでないという理由だけではない。「政策決定に積極的に参加する」といった設問に具体的なイメージを抱けるような状況、環境がそもそも若者たちに与えられているのか？ また、ここに示された意欲の低さは若者に特有の状況なのか？ 大人にも若者以上に当てはまる意識なのではないか？

これらを検討せずに、「若者は……」と問題にされていることがらの範囲を狭め、ひょっとすると日本社会全体の問題であるかもしれぬことを若者意識にだけ当てはめてしまうのは適切ではないと言いたい。

問題の焦点をそのように若者の側にずらしてとらえる錯誤は、たとえば、「ゆとり世代」についての説明――そのほとんどは、覇気がない等々のマイナス評価だ――ではより一層あきらかである。ゆとり教育が知識に欠け、社会人としての適性に欠ける若者を生んだという説明は、学校教育という環境を若者の特性に結びつけているから、環境・生育条件を考慮した議論ではある。しかし、「ゆとり教育」という環境が実際にはどのような学校生活や教育のあり方を意味していたか、その具体的な検討なしに、「ゆとり教育」のせいで「使えない若者」が増えたという乱暴で信憑性のない推測がまかり通っている。「これだからゆとりは……」などと言われる若者たちにすれば、「勝手に決めつけるな」と叫びたくなるだろう。

「ゆとり教育」という言葉で誤解を広げた学校教育の変化が、二〇〇二年の新学習指導要領実施後に進んできたのは事実である。しかし、その内実は、子どもたちの「ゆとり」を増やしたと言えるようなものではない。この点にくわしく触れることはできないが、広がったのは「ゆとり」ではなく、教育の場での大きな格差であり、いわゆる教育貧困だった。これまで普通だと考えられてきた学校教育のかたちが政策的に変えられ、学校教育が子どもたちの生活に与えるプレッシャーもかたちを変え、しかも強まっていった。そうした環境の変化を具体的にみてゆけば、「ゆとり教育」というイメージにもとづく若者評価がいかに危ういかわかる。

〈若者の政治〉とは

若者の特徴を、彼女ら彼らが生きる環境とかかわらせて考えるためには、どんな環境、歴史的条件を若者たちの意識や行動と結びつけて考えるか、その自覚が不可欠である。意識や行動の特徴を示すデータを示すだけでは足りない。「社会的関心が薄い」という評価が仮に当たっているとしたら、それはどんな歴史的背景、環境と関係しているのかを考えなければならない。

「これまで若者たちは政治的・社会的関心が薄かった」という通念を、筆者は不正確だと考えている。社会的関心や政治的関心を持たぬよう、表明しないよう過ごすことを社会の側が若者に対し、陰に陽に誘導してきたことが真の問題であったと思っている。そうだとすれば、「これまで政治に関心を持たなかった若者たちが、安全保障法制の問題をきっかけに政治に関心を持つようになった」というとらえ方も正確ではないだろう。

「若者が変わった」とは、では、どんな背景とかかわらせどんな意味で言えるのか——一見政治とかかわりがないように見える領域にまで視野を広げてこの点を検討することが本書の課題である。若者と政治とのかかわりに焦点を当て、若者は変わったかを問うということである。

若者が政治とかかわる場面全体や政治とのかかわり方、政治的振る舞いを〈若者の政治〉と呼ぶことにしよう。政治（ポリティクス）の内容を狭く考えるのではなく、たとえば、恋愛関係の場面で現れる虐待やハラスメント、いじめにおける力の行使や抑圧関係など、若者の日常生活にひそむ権力的関係、葛藤や抑圧を引き起こし、支配、従属、抵抗のさまざまな現象を生み出す関係は、すべて、〈若者の政治〉の一部を成す。

若者の政治的無関心を問題にする議論の多くは、これらの領域についてほとんど関心を払って来なかった。そうなったのは、若者たちの日常生活は政治と無縁という先入観に囚われているためではないか。しかし、政治のそうした狭い理解では、〈若者の政治〉として無視できず、核心的とさえ言える部分が除外されてしまうように思う。

生活のなかに埋めこまれた政治の力や影響を無視せず、それとしてとらえることによって、狭い意味での政治行動の意味、特徴もより深くつかめると思う。〈若者の政治〉すべてを本書で扱うことはできないが、以下で政治というときに想定しているのは、いわゆる政治行動に限られない政治的なあり方全体である。視野を広げて〈若者の政治〉をとらえることで、社会的・政治的無関心等々の特徴で語られる若者像とはちがう若者のすがたが浮かび上がるのではないか――それが本書の見通しである。

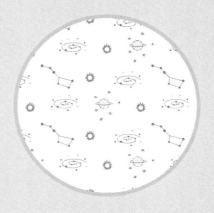

I

〈若者の政治〉には どんな特徴があるか

斬新に受けとられた若者の政治行動

一九七〇年前後の学生運動の時代が終わってから、〈若者の政治〉に関係する問題の中で社会的注目を浴びてきたのは、いじめや殺人事件といった、ごくかぎられたトピックだった。ただしそれらの事件は、政治的なことがらではなく、もっぱら、若者の特異性を示す社会病理・意識病理として扱われ考えられてきた。世間を騒がせる危険で理不尽な若者たちの振る舞いという受けとめ方である。

しかし、神戸連続児童殺傷事件（一九九七）を始めとする少年事件は少年法改定のきっかけ（口実）となり、少年司法の領域でのいわゆる厳罰化をすすめる政治過程と深くかかわっていたから、それらの事件にしても、実は、〈若者の政治〉という観点からの検討が必要なはずであった。そうした観点がきわめて弱いのは、すでに述べたように、政治的関心の薄い若者という先入観に囚われ、問題の政治的側面が無視されてきたからである。

安保法制に反対して国会前に集まった若者たちの言動については、病理現象として扱うことができない。病理でも逸脱でも犯罪でもなく、係争中の政治問題に対する明確な意思表明だからだ。彼ら彼女らの振る舞いは、政治的関心の強さを雄弁に示して誤解の余地がない。政治的イッシューについて発言し行動する若者たちがいきなり出現したと受けとめられ、そうした「覚醒」がなぜ生まれたのか不思議に感じられる。若者と政治についての関心の焦点が、若者たちの政治行動に当てられるのは自然ななりゆきだった。

そこで、若者の政治を考える入り口として、政治的係争問題に対する若者たちのアクションが持っている特徴は何かを、まずは取り上げることにしよう。

若者たちによる自前の、斬新な政治行動として SEALDs など、新たに生まれたさまざまなアクションが注目されたわけだが、大人たちが感じた斬新さの内容は、では何だったのか。

より上の年齢層から若者たちの政治行動の斬新さが言われる場合、そのほとんどは、おそらく、SEALDs の活動から受けた印象にもとづいている。さまざまなアクションと述べたが、SEALDs 以外の若年層による政治行動、社会運動については、報道の少なさもあり、あまり知られていないように思う。SEALDs が活動を開始するに至った背景にも、日本内外の社会運動の存在があったが、それらについても、新しさの内実と結びつけて言及されることは多くない。その意味では、若者の政治の斬新さに関する理解は SEALDs の印象に引きずられていると言ってもよいだろう。

安保法制に反対する運動の中でも、とりわけて SEALDs に焦点が当てられたから、こうした印象が生じるのは無理からぬところがある。本章でも、SEALDs の活動が受けとられる印象を検討することから始めるが、言及する個々のトピックについては、SEALDs にとどまらない、〈若者の政治〉の、より一般的な特質も加えて考える。SEALDs が提起した行動に参加した若者たちが、その提起に共鳴したとはいえ、SEALDs メンバーに限られていないことに留意すれば、SEALDs が印象づけた活動スタイルを「SEALDsの特徴」と狭く考えるべきではないだろう。運動体としてのSEALDsの性格や、SEALDsが掲げた課題の政治的性格*には、もちろん、独自の特徴があるだろう。しかし、SEALDsの活動をふくめ、にわかに出現したかに映る若者の政治行動全体を念頭において「斬新さ」の内実に迫るのが、この章のテーマである。

*ただしSEALDsという集まりの特性から、政党や政治団体、通常の運動団体のように、団体としての性格や主張を、政綱や規約にもとづく明確な内容として特定することは無理がある。

スタイリッシュ

SEALDsの政治的意思表明や行動に貫かれているスタイリッシュな様式を新しさとして挙げる人は多いだろう。表現の仕方、行動の仕方が言ってみれば「おしゃれ」で、若者たちを惹きつけやすい様式が採用されている、ということだ。実際、SEALDsが作成したパンフやチラシは、カフェに置いても違和感のないフライヤーと言った方が適切なデザインであり、既存の政治運動や労働運動の場での宣伝物とはまるでちがうと感じられる。ラップのリズムを踏んだコールにしても、これまでの集会やデモ行進で繰り返されてきたシュプレヒコールとはちがい、そのリズムに慣れない中高年層を戸惑わせたが、それだけに、新しい層、若者が結集しているのだという印象を強く与えるものであった。

ただし、「既存の政治運動、労働運動」と一括りにして、若者が参加しない旧来型の運動と類型化し、SEALDs に代表されるスタイリッシュな行動をこれと対比させるのは単純すぎる。古色蒼然としたというニュアンスをともなう「既存の運動」という括り方は、〈若者の政治〉の斬新さや画期性を強調したいばかりに、「これまでの運動は古い」と切り捨ててしまう安易さを感じさせる。それでは、かつて一九七〇年前後の「大学紛争」時に、「右手に朝日ジャーナル、左手に少年マガジン」といったフレーズで、当時の学生運動の新奇さが評されたのと同様の類型化に陥ってしまうのではないか。

これまでの運動は古いと気軽に片づけた上で〈若者の政治〉を持ち上げる安直なやり方は、〈若者の政治〉の特徴を単純化し、その可能性を狭く考えてしまう危険性がある。若者の政治が持つスタイルの新しさには意味があるけれど、旧来の運動に対するステレオタイプの批評によりかかって評価される「新しさ」は平板で、その意義をとらえ損ねる。時間が経てば、「そんな活動スタイルって古いよね」と片づけられても仕方ない「浅さ」でしか、スタイリッシュの意味をつたえていないからである。

宣伝活動にしても街頭行動にしても、初めてその場に居合わせた若者たちにとって、これまでのスタイルが、「近づきにくい」、「なんかちがう」と感じられたのは事実のようだ。それはたとえば、SEALDs メンバーの次のような説明にうかがうことができる。

「これ、なんか違うな」。生まれて初めてデモというものに参加したのは13年の1月だった。11年の3月に上京してからよく見ていたデモは、正直少し冷めた目で見ていた。そんな中、友達が「デモ行かない?」と語ってくれた一言が、初めて参加したきっかけだった。脱原発系のそのデモには、やはり年配の方が多かった。有無を言わさずに列の先頭に立たされたが、シュプレヒコールもろくにあげられず、道行く人を眺めながら渋谷の街を歩いていた。その後、デモに行くことはなかった。

13年12月6日の秘密保護法の強行採決に反対して国会前に集まった学生を中心に、年明けの1月上旬、SASPLを立ち上げた。メンバーの一人が言った「俺たちで、圧倒的にかっこいいデモをやろう」という言葉に惹かれ2月、5月、10月とデモをした。スピーチの後の、音楽のリズムに乗せたコールは、何の躊躇《ためら》いもなく私の口から出た。フライヤーを見て興味を抱いて参加した友人、飛び入り参加する歩行者も多くいた。都心の路上を、自分たちの意思表示する場にした」

（元山仁士郎「居場所がなかったから、自分たちでつくった」『労働情報 九〇六号』二〇一五）

ここで表明されているこれまでのデモへの違和感――それは多かれ少なかれ、集会やデモなど社会運動の現場に近づいた若者に共有されており、個人的なことがらではない――は、主張内容ではなく、自分たち（若者）が入りにくい行動スタイルだという点にある。そこで重要なのは、「だからもう行かない」ではなく、「自分たちの集まりやすいスタイルをつくろう」という発想が生まれたことだ。自分自身をふくめ若い世代が集まりやすく、また若者につたわりやすい手法で活動しようということである。

既存のスタイルのデモを見て(デモに参加してみて)、「なんか違う」と拒絶してしまえばそこで終わりだが、「だったら自分たちでやろう」と考えた点に、大きな飛躍がある。

多分そこには、自分(たち)で動いてみようと決意させる背景がはたらいていた。後述するように、三・一一原発事故が大きなきっかけの一つだったことはまちがいない。「デモしてみても効果はなさそう、社会は動かない」という広く浸透した「常識」が、「自分たちが何かしなければ危ない」という感覚へと変化してゆく歴史的背景があった、ということだ。

そこで、「自分たちでやろう」という思いを具体化するには、自前の(自分たちの考えにもとづいてつくる自律した)組織が必要で、自分たちらしさをよく表現できるスタイルの考案が求められる。前者についてはひとまず措いて、ここではスタイルの話だ。

SEALDs に採用されたスタイルとして、しゃれたデザインの印刷物、コール、音楽、スピーチを組み合わせたデモ行進(パレード)、集会や宣伝活動(街宣)のパフォーマンスなどが挙げられるだろう。そのそれぞれが意識的に計画・準備され、デザイン班等、参加メンバーのスキルを活かした分担作業も行われたことは知られるとおりだ。

集まりの持ち方や表現の工夫にそれだけのエネルギーをかけるのは、なるべく多くの若者が参加しやすい、近づきやすいやり方が必要だと考えたからだろう。「どのようにしたら自分たちの訴えが届きやすいか、一緒に行動してくれるか」に最大限の神経を使って準備すること――それは、運動への参加者を大きく広げようと思えば当然かもしれない。けれども、訴え方や表現方法に注意を払う「神経の行きとどき方」には、SEALDsのように運動を始めた若者たちがつたえようとしている対象とかかわりがあるように思う。神経を使わなければ、「政治なんか関係ない」とそっぽを向いたままの人々、デモを見かけても自分に無縁としか思えない人々――若者の大半はそう振る舞う政治環境の下におかれている――そうした人々が近づきやすい訴え方、集まり方が追求される。

「去年の六月三〇日、私は生まれて初めてデモというものに参加しに、ここ国会議事堂前に足を運びました。それまで私は社会で起きていることなんて大して気にもとめてなかったし、大人たちがニュースを見て不満をこぼしているのを横目に、なんとなくモヤっとしながらも、話にはついていけそうにないし「政治の話はタブー」という、今思えば安っぽくて中身のない、ばかげた常識を守り、その結果、今、仕事後に疲れた身体でわざわざここまで来て、拡声器まで握って喋る自分の動機となった「同世代の無関心」の生産を静かに支えていました」

（二〇一五年六月一二日、SEALDsメンバー国会前スピーチ、IWJ七月二九日配信）

ここで語られているのは、自分自身が世間の常識にそう「無関心な若者」だったという経験である。そしてそういうかつての自分と同じ日常を過ごしている若者たちに、政治が自分たちの生活と地続きであると続ける。(「水着とかマツエグをいつ着けるかと悩んでる人間が、政治に口を開くことはスタンダードであるべきだ」同前)誰に向かって語りかけ、つたえようとしているのか、以上からよくわかるだろう。

ただし、厳密に言えば、自分たちの感覚にフィットするやり方が他の若者たちが近づきやすい手法・スタイルであるとはかぎらない。若者を一括りにできないのだから、それは当然のこと。ラップ調のコールはラップに親しみのない者には近づきにくいだろうし、英語を用いたフライヤーにだって参加へのハードルはある。とはいえ、それらの要素が若者自身による運動であることを印象づけ、同世代の参加を促したのはもちろん、より上の年齢層の共感や参加を広げたことも事実である。

このように、意識的に追求された運動スタイルの変更は、全体として、若者が新しい運動を始めたという印象を広げた。現場でそうした活動に触れた者もメディアを通じて触れた者も、政治運動、社会運動のイメージが一新されたように感じたはずだ。たとえば、三宅洋平の選挙ライヴが、「普通」の街頭演説や選挙運動とはまるでちがうと感じられたのと同様に。

スタイルと政治文化

主張する内容は同じでも手法、スタイルがちがうと言うと、要はやり方の問題にすぎないとまとめられてしまいそうだが、それはちょっとちがう。スタイルが変わるというかたちで現れる政治行動の変化には、「政治的であること」の質的、内容的な変化がともなっている。別の言い方をすれば、政治文化の変化が起きている、ということだ。

デモ行進の変化について考えてみよう。ラップ調のコールに乗り、思い思いのポスターやプラカードを掲げて歩くスタイルは、誰でもが（とりわけ同世代の若者が）参加しやすいための工夫、やり方の変更ではある。しかし、それだけでなく、こうした変更によって、デモという形態に込められていた政治性が変容しているようにも考えられる。

「都心の路上を、自分たちの意思表示する場」に変えるという機能は、言ってみれば、デモが、周辺的参加（レイヴ、ヴェンガー）を促すストリート・パフォーマンスへと近づいてゆくことを示唆している。政治行動としてのデモ行進は、届け出や警察による規制等々、公的に規律されていても、その場に居合わせた人々を引き寄せる舞台づくりの性格をより強く帯びるようになる。そんなアピールのすがたを見た人が、あるブログで、「デモは街頭演劇……ストリートが舞台になり、参加者と通行人が一体になって「アベ政治を許さない」をアピールできれば効果的」と語っているのは、この変化の意味をよくとらえているように思う。

政治的意思表示のスタイル変化は、共感した人間がその場で参加できるようなアクセス、回路を豊かにすることに重点をおいていた。「参加者と通行人が一体」になれないやり方を変えようとする試みは、「これまでのデモはなんかちがう」との感覚からして、既存のデモと対比させて扱われがちだが、それはスタイルの表面にだけとらわれた見方だろう。政治文化の変容という観点に立つと、見るべき核心は別のところにあると思う。政治を日常生活から遠ざけている隔壁を取り壊すことがそれだ。

デモは縁遠い。たまたまデモに出くわすこと――それだって滅多にあることではない――があっても、素知らぬ顔で通り過ぎてしまうのが大多数であった。三・一一以後、この様子は少し変わったというものの、デモに参加するという意思表示は、多くの人たちには、依然として敷居が高いと言えるだろう。しかも、自分の生活の場に近くなればなるほど、デモに参加し集会でスピーチするといった行動は難しいと感じられる。

なぜそうなのか、理由は明確だ。

大学生活でも、職場・バイト先でも、家庭生活でも、およそ日常生活のなかで、政治について語ったり、政治・社会問題の観点から自分たちの体験を見つめ議論したりする雰囲気は乏しく、まして、デモのような具体的行動への参加を普通に話し合えるような場はほとんどない。「この間ライヴに行ったんだ」と気軽に――その場合でも、話す相手を選ばねばならず、誰のライヴかによっては言うのが憚《はばか》られることもある——言えても、同じ調子で「デモ行くんだ」と言うのは難しいのだ。

要するに、「政治的であること」を生活の場であからさまに呈示するのはまずいこと、相手を引かせ、場の雰囲気を壊す振る舞いだということ。みんながそれを承知して振る舞っているのに、あえて自分が「逆らう」のは、孤立しかねない危険な言動ということになる。だから生活の場に「政治を持ち込む」のは無理と感じてしまう。そしてそう感じることが確固とした「常識」になってゆくと、デモもシュプレヒコールも、署名すらも、「普通の人間」なら決してしない突飛な行動と映るようになる。

日常生活のあらゆる場面から政治へのかかわりが失われてしまうそんな状況は、自然に生まれたのではない。生活を政治と結びつけさせない強い力がはたらいていて、いわば「政治的身体」を私たちの生活から念入りに奪ってしまっている。政治的身体という言葉はたんなる比喩ではない。政治とかかわりを持つことは、人が成長して社会の一員（社会人）となるために必要不可欠な条件だから、一人ひとりの「自分らしさ」の一部だ。政治とかかわることは、本来、私たちが生きてゆくために不可欠な支えの一つだ——そう考えるなら、政治的身体という言葉はおかしくも何ともない。政治とかかわれぬようにされているとすれば、それは、自分の身体が不自由で拘束されている状態と言えるのだ。

生活の場面に政治を持ち込めないのは自分の気の弱さや勇気のなさと感じられるかもしれないが、実は、拘束されて不自由な状態におかれているのであって、そのように仕向ける力がはたらいている点にこそ注意すべきだ。「政治にかかわらない」という「安っぽくて中身のない、ばかげた常識」は、政治を思い通りに動かしたい権力者にとってとても都合がよい。生活の場で切実に感じていることの多くは、政治の場でも問題にして当然なのに、当人がそうできない。不満やグチを言うことはあっても、では政治行動に訴えるかというと、そうはならない。政治は、それを動かすことのできる特定の人間たちだけがかかわれる領域で、普通の人間にはオフリミットの世界になっている。

政治から遮断されている生活の実例はいくらでも挙げられるだろう。生活の安定や見通しの持てる進路選択の実現に欠かせない政治の力が、普通の人間から奪われている。世論調査では、政治に望むことの上位はほとんどつねに、「社会保障・福祉の充実」や「生活の安定・向上」であるのに、現実政治で進行したのは逆の事態、社会保障・福祉の削減や不安定な雇用の促進であった。奨学金制度が貧困ビジネスのようになり学生を苦しめるのは政治の結果だし、長く続く心理的拷問のようなシューカツに駆り立てられるようになったのも、野放図な雇用環境を規制せず放置している雇用流動化政策の結果だ。四〇代になるまで生活を苦しめ続ける有利子奨学金の拡大政策はおかしいという声を挙げ、運動を起こさなかったならば、権力を握る「選良」たちの政治はこの状態を放置しておいたにちがいない。

つまり、身の周りの切実な困難を解決するところまで政治の力は及ばないのだ。生活の場でぶつかる困難、理不尽なことがらについて社会に訴え、政治的に行動することが事実上禁止されているにひとしい状態は、いくら民主政治と言っても、一種の寡頭政治に成り下がっている。

この状態を変えてゆくためには、政治が日常生活の一部に自然に入りこんでいる関係をつくらなければならない。そのように社会生活のスタイルを変えることが政治文化の革新につながる。スタイルを問題にするとはそういう意味合いにおいてのことである。目の前を通り過ぎてゆくデモに傍観者でいるよりも、共感したら手を振り応援するのが自然、言いたいことがあれば、たとえそれが政治問題であっても、それをさまざまなかたちで表現してつたえあうのが自然――そういう「自然」の積み重ねを通じて、政治を生活の近くに引き寄せてゆかなければならない。たとえば、以下の発言のように。

「「デモしてるから、政治的な発言」という日本語は僕はおかしいと思っています。考えてみてください。僕は料理ができます。でもだからといってシェフにはなりません。料理ができないからって毎日外食するのは僕には無理です。だから僕はご飯炊くし、味噌汁くらいは作りますよ。僕はそれを楽しみます、生活する上で必要なことだから。政治だってそうだと思うんです。僕らの生活に必要なことなんですよ」

（二〇一五年八月七日、SEALDs メンバー国会前スピーチ、IWJ八月一一日配信）

政治文化の変化とは、つまりは、生活と政治とのそんな新しい結びつきをつくることではないだろうか。誰もが近づきやすい意思表示のスタイルを考えることもまた、政治文化のこの変化をめざしている。運動のスタイルを変え政治を身近なものと感じさせる試みは、日常生活から政治的な場やアクションを取り除いてしまう力、はたらきに抵抗するということだ。だから当然、生活の方も変わる。

政治文化の変化をめざす行動は、生活のかたちを変える。生活と政治とが「自然に」結びついている社会*とはちがって、日本では長い間、仕事や暮らしのなかで政治を取り上げさせない政治文化が植えつけられてきた。若者の世界だけでなく社会全体がそうであった。大人たちがつくってしまったそういう政治文化を変えたい——スタイルの変化にこめられているのはそんなメッセージではないだろうか。

*実は、自然にではなく、たとえばイタリアのスローフード運動にみられるように、この結びつきはさまざまな運動の積み重ねのなかで育ってきた。

「私はこう思う」

若者の政治行動について大人たちが感心したことの一つには、大勢の人たちの前で堂々と自分の意見を述べているということがあった。

この驚きの内には、政治的問題について若い世代が自分たちの主張を述べられるほどの関心や知識を持っていないだろうという思いこみ、誤解がいくぶんかは含まれていたと思う。しかし、「私は「こう思う」という意志表示に接したときの新鮮さには、何よりも、それぞれが個人として自分の思いを語っていることへの注目があった。個人として政治的な場に立つスタイルが感心されたのである。

このスタイルはSEALDsのスピーチでは意識的に追求されたもので、その意味は以下のような発言に窺える。

「個人として引き受けて、考えたり、発言したりし続けること。まあそれってかなりめんどくさいのですが（笑）。それはずっと言ってます。「民主主義だから仕方ないし、やるか……」的な。で、その主体者は常に個人じゃないといけないと思うんですよ。だれかが言ったからじゃなくて、自分の意思として引き受けるのが大事。だからこれまでの運動でよく使われているような「我々は平和を愛し」っていうような、複数形を主語にすることは基本的にしない」

（高橋源一郎×SEALDs『民主主義ってなんだ?』河出書房新社二〇一五、一五五頁・奥田愛基発言）

政治的知識がどれだけあるか、社会的地位や所属団体がどうか……といった背景を離れ、問題になっていることがらについて「私はこう思う」と誰でも言ってよいし、言えること（その機会や権利が保障されていなければだめで、そうできる雰囲気がないと無理だが）——その魅力は大きい。ふだんの場ではそうできないことの方が普通だからなおさら。言いたいことを思う存分言えてスカッとする経験の解放感が、そこにはある。

「私はこう思う」と誰もが言える状況は、このように、自分で自分の言動を抑えなければいけない現実、いつのまにか自粛や忖度が当然と感じるまでに馴らされてしまう現実をひっくり返すはたらきをしている。つまり、押しつけられた秩序に従わせられる必要などないことを実感できる、もっと言えば、「こう思う」と声を挙げることによって、そうできずにいた自分たちの状況が、実は、押しつけられた秩序の下にあったことに気づく。声を挙げないとそういう秩序に気づきにくいということである。

これは、政治的アクションを起こすことがもたらす解放作用であり、政治にかかわる経験（政治的身体を獲得すること）の核心をなす機能と言える。はじめて右翼の街宣活動に参加したときの解放感を語る雨宮処凛の回顧はそれをよくつたえている*。政治は、様々な社会集団の要求を実現し、利害を調整する現実的手段であるだけでなく、そこに（政治の場に）立つことで人をより自由にする手段でもある。

*雨宮処凛『生き地獄天国』太田出版二〇〇〇

誰もが「自分はこう思う」といえる社会が望ましい——この主張に反対する者はまずいないだろう。ところが、いざこの主張を具体化するとなると、さまざまな障害が立ちはだかる。「誰でも」という以上、取り上げられる問題について知識があってもなくても、直接の利害関係があってもなくても、口下手であれどうであれ、つたえる手段を豊富に持っているかいないかにかかわらず……要するに、無条件で声を挙げられる、挙げてよいというのが、この主張の中味だ。だから、この主張を実現するのは実際に大変難しい。誰でも「自分はこう思う」と言える社会という理念はとてもラディカルな要求なのである。

民主主義政治は誰でもものが言える環境を保障しなければならない。「誰でも」の「誰」に条件をつけてはいけない。〈若者の政治〉にそくしてこれを考えるなら、「高校生だから政治的主張を訴えるな」といった制約はおかしいということだ。政治的意思の表明に年齢制限を設けてはならない。子どもの権利条約が子どもの意思表明権を認めていることを思い起こして欲しい。小学生が「戦争をするな」と求めることはおかしくないし、そうした主張を社会は受けとめなければならない。

「まだ未熟だ」とか、「ろくに知識もないくせに」といった理由でもの言うことを抑える振る舞いは、若者に対してだけでなく、人々を、とりわけ自分たちが抱える困難を政治の場に持ち出せない「弱者」を沈黙させるために広く使われる手段である。そうやって黙っているよう自己規制させるやり方には従わないという「宣言」が、「自分はこう思う」と述べることの内にこめられている。

「確かに高校生には理解できていないことは多いです。でも、知ることは大事だし、知ろうとすることも大事だと思います。自分たちに十分関係のあるこの法案について、「ちょっとよくわからないや」と言って、私たち高校生は黙ってないといけないんですか!?　そんな大人に勝手に決められるか、決められてたまるか、と思います」

（二〇一五年八月二日、安保法制に反対する高校生渋谷デモ、一六歳高校生スピーチ、IWJ八月四日配信）

「誰でも」に条件をつけないとは、もの言う人についての資格を問わないということだけではない。話される内容についても選別や制限をしないことを含んでいる。若者たちの主張に対し、しばしば、「文句があるなら対案を出せ」「現実的に可能な範囲で問題を取り上げろ」といった反論や非難が向けられる。世の中を知らない者が未熟な批判ばかりしているという印象が振りまかれるのである。しかし、「対案を出せない人間がものを言うな」という条件のつけ方はおかしい。

何が「価値ある」意見か、「建設的な」主張なのかをそうやってあらかじめ判定するやり方もまた、普通に生きる人々から政治を奪い、物言えぬ存在に押しこめる有力な手段となる。安保法制をめぐる論争では、これを推進する主張の側こそ強弁や無知をさらけ出していることが示されたように、「未熟だ」「現実的でない」等々の批判が当たらない場合は数多くある。そして仮に、「これはおかしい」という異議申し立てが、「一面的」だったり、「非論理的」だったりしても、それを理由に、「ものを言うな」と抑えつけることはまちがっている。

「私はこう思う」という意思表示の自由がないがしろにされると何が起きるだろうか。

自分が直面している困難の根拠がわからない、被害があまりに深刻で激しいために、その事実さえ表に出せない、そもそも意思表示の仕方さえつたえられていない（教育を奪われている）……といった境遇にある人々は「もの言える場」から排除されてしまうだろう。

学校教育の場などで、「言いたいことがあるならきちんと話してごらんなさい」と迫られた子どもがいじめの現実を話せない状態も同じだ。「はっきりと、相手によくわかるように説明しろ」という、それだけ取り上げれば当然にみえる要求が、実際には、「苦しい」とさえ言えない現実に人を押しこめるのである。

「自分はこう思う」と言える、そう言える場に誰もが無条件に位置づけられるべきだという主張の根拠は、つきつめれば、誰もが人間としての尊厳を保障されねばならないという理念に行き着く。人が誰でも政治にかかわれる究極の根拠は、選挙権を持っているからでも、「政治的見識」があるからでもなく、社会的存在である人間は、誰もが、社会形成に不可欠な政治的判断の場に参加することを認められかつ要請されるからである。政治にかかわるとは、人間としての尊厳を認められることの一つなのである。

「私はこう思う」と言うこと、言えることが社会的、政治的力を手に入れる重要なステップなのは、以上から、確認できるだろう。若者たちのスピーチがそうした力を易々と発揮していると思われ、驚かれ感心されたのも、その意味では当然である。しかしまた、その驚きは、いまの日本社会では、圧倒的多数の普通人はそう簡単に「私はこう思う」と言えないのだという現状認識を暗に前提としている。そしてその現状認識は正しい。だとすると、ものが言えない状態から「私はこう思う」と話す場に立つまでの変化はどのように生まれたのか。

〈若者の政治〉を準備した文化資源

若者の政治的アクションを積極的に評価する「旧世代」の感想には、先述の〈スタイリッシュ〉への驚きもふくめ、彼ら彼女らが豊富な表現手段を駆使し魅力的なアピール方法を編み出していることへの驚きがある。若者たちが大人よりもずっと豊かな文化的能力を備えているように感じられる。

実際、それは、SEALDs、AEQUITAS（エキタス）、SADL（民主主義と生活を守る有志）等々、若者たちが多く参加している団体の活動が共通に与える印象である。

まだ政治の場に参加できずにいる人々からの「見え方」をつねに意識する活動スタイルには、実際にそう工夫できるだけの力量が必要になる。若者たちの行動にはそうした力が具体的に感じられるというわけである。たとえば、安保法制への支持を広げるために自民党が作製した宣伝アニメに対し、すぐさまこれを批判するパロディ版がつくられ、パロディ版の方がはるかに出来がよく――実見した筆者の印象でも説得力、訴求力の差は一目瞭然であった――、自民党の宣伝アニメよりも流布したことは、若い世代が持つ文化水準の高さをはっきりと知らしめた。

もちろん、そうした切り返し―応答には、自民党の宣伝に対する内容上の的を射た批判が必要なのは言うまでもない。と同時に、より高い質の表現手法を用いて批判の説得力と効果を高める力も要求される。アニメなら親しみやすいだろうという安易な宣伝手法を完膚なきまでに笑いものにできる力が必要なのである。

こうした文化資源を活用する能力の高さは、若者文化という基盤を考えれば、とりたてて意外なことでも不思議なことでもない。それなりの余裕があってのことではあるが、自分の気に入る生活スタイルを具体化する「生活文化」は、大人たちの生活文化よりもはるかに洗練されている。音楽でもファッションでもデザインでも、アニメやマンガのような表現ジャンルでも、「自分でつくる」試みの地盤は、おおよそこの四半世紀の間に、飛躍的に広がってきた。たがいの活動を簡単に交流できるネット社会の発達が背景にあることはもちろんだが、ＩＴ、デザイン等の文化産業分野を志向する専門学校など、広い意味で文化をつくる回路の大衆化がすすんだことも見逃せない。たとえば、手づくりの冊子などをつくるＺＩＮＥ文化は、二〇一〇年前後には多くのガイドブックが出されるほどに浸透していた。要するに、さまざまな文化的ノウハウを持つことが若者たちの生活文化では当たり前となったのである。政治の舞台でそれらのノウハウが駆使できるのも当たり前ということだ。

若者の政治的アクションが顕在化することで彼ら彼女らの「文化的能力」もまた気づかれるようになる。大人がはじめて気づいたにすぎず、若者文化の実相やポテンシャルがそれまで見過ごされてきただけだということもできる。

大人たちに気づかれずにきたそうした文化的能力のなかには、社会や政治に対する批判精神とその表現も含まれている。サブカルチャーとして大人の眼に触れない文化領域で、社会への異議申し立てや抑圧的秩序に対する反抗・抵抗を描き主張する試みは決して皆無ではなかった。目を凝らせば、むしろ、そうした試みは「サブカルチャー」に押しこめられながらも、連綿として続いてきたことがわかる。

若者たちが抱いている日本社会への違和感や絶望感、異議申し立ての文化的表現をここでくわしく述べる余地はない。若者文化のそれぞれのジャンルで抵抗や拒絶の系譜をたどることは意義ある作業だが、それは別途扱うべき課題である。ここで強調したいのは、大人の眼の届かないところで、そういう試みが途切れることなく続けられてきたという点だ。

たとえば、少女小説ジャンルでの人気作品、本宮ことは『幻獣降臨譚』シリーズ（講談社X文庫二〇〇六～二〇一二）では、超能力（聖獣）を駆使する戦闘美少女のラブロマンスという定型のプロットを踏むかに思わせながら、戦争という巨大な暴力をどうやって廃絶するかが明確な主題に設定されている。強者が自らの持つ武力を放棄する平和主義の可能性が描かれているのである。

これほど明確でなくても、「弱者」に位置づけられた存在が暴力に対抗する物語は決して少なくない。抑圧や暴力への嫌悪、拒絶と抵抗を秘めた若者文化のすそ野は、実は、広い。それらが拒絶、抵抗等々として受けとめられず見過ごされてきただけなのである。見過ごされてきたのは、一つには、政治を語る言葉がそうとわかる明確なかたちを持てなかったからだと、ひとまずは言えるだろう。若者文化がつたえる物語を読みとって「拓く」作業抜きでは、抵抗なり不服従なり、既成秩序に対する違和を取り出すことは難しい。たとえば、以下のような述懐をみてもらいたい。

「戦争は反対です。未来の子供達のため、なんて大義名分は言いません。私、痛いの嫌い、恐いの嫌い、大好きな人が連れていかれて泣くなんてイヤ。死にたくなんか、死なせたくなんか、ない。平和が好き。無気力・無関心だっていい。お願いだから、他人の目なんか気にしないで、自分の主張を確立してほしい。試行錯誤のできない国なんか反対に諭《さと》すぐらいに」

（小林めぐみ『ねこたま』富士見ファンタジア文庫一九九〇、あとがき）

コメディタッチのファンタジー「食卓にビールを」シリーズが九〇年代に人気を博した作家のデビュー作に書きつけられたこんな一節が記憶に止められることは少ないだろう。もちろん、作品そのものに反戦等々の政治的主題が直接に形象化されるような例はほんのわずかに過ぎない。だからといって、政治的エートスがないのではない。読みとって拓く作業をつうじて、若者文化のあちこちに散在する政治へのまなざしや社会批判のすがたが浮き彫りになるはずだ。

表現手段という「手の問題」に限って若者たちの文化能力を見るべきではない。手近で手持ちの文化資源を活用しながら政治的意味を持つ自分たちの意思を表現してゆくさまざまな試み、積み重ねがあったことを確認しておこう。

II

〈若者の政治〉が呼び起こされる回路と基盤

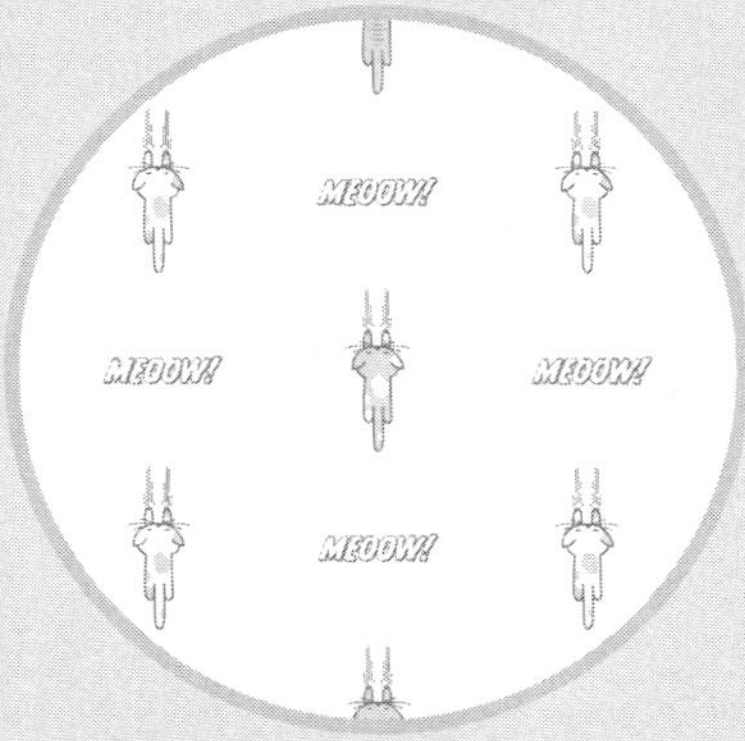

若者の生活と意識を揺り動かす社会変動

若者の政治的アクションが広く目に見えるようになるためには、若者にかかわる問題が社会的・政治的主題に取り上げられるだけでは足りない。彼ら自身が政治的主体として活動できることが必要だからだ。

「政治的主体として活動する」などと聞けば、ハードルがとても高く感じられるにちがいない。しかし、政治的行動の範囲は、実は、非常に広い。社会的な場で政治的な意味をふくむ意思表示を何らかのかたちで行うことはすべて、「政治的主体として活動する」ことの中に入る。ネット上に匿名で投稿するといった行為を含めると、政治的アクションの範囲が想像以上に広いことがわかるだろう。

社会問題や政治問題について思わず文句を言う程度のことが政治的アクションに入るとは思えないかもしれない。たとえば、居酒屋で、「だからいまの政治家はダメなんだ」などとくだを巻いたところで政治にかかわるアクションのはずがない——そう思えるけれど、それだってやはり政治的意思表示の一つではある。

酒場でぶちまけ合った不満が嵩じて職場放棄（ストライキ）につながる例は労働運動の黎明期に実際に起きたことだ。現在の日本でも、アルバイトをふくめ社員は仕事が終わってから二人以上集まって酒を飲んではいけない（！）という規則（もちろんこんな規則は公序良俗に反する違法な規則であるのは言うまでもないが）をつくった企業があるから、愚痴を言い合う場でさえも、権力的な秩序に人を従わせようとする者には警戒の対象であることがわかるだろう。ツイッターでのつぶやきが反響を呼び社会的影響力を持つのは珍しくない。「保育園落ちた日本死ね」ブログが保育所、保育士不足への対処を政治的焦点にする上で、大きな社会的役割を発揮したことは記憶に新しい。

このように、たとえ意識していなくても、私たちの言動が政治的な領域に踏みこんでいる場面は決して少なくない。政治をコントロールしようと考える権力者が庶民の意識動向に絶えず探りを入れようとするのは、直接表には出てこないそうした政治的雰囲気が気になるからである。

もちろん、社会生活のあちこちでつぶやかれ交わされる不満や疑問の多くは、そのままでは、政治的なアクションと知られることなく埋もれてゆく。政治的な意味合いを持つ意思表示が社会に広く認知されること、そのように認知される場を自分たちの努力でつくりだすことがないと、政治的アクションが社会に受けとめられることは難しい。集団的な意思表示、さまざまな示威活動をつうじて、つまり政治的主体としての行動をつうじて、ようやく、自分たちの主張を受けとめさせる政治的な回路がつくりだされる。たとえば、労働の政治は労働運動がつくりだす政治的回路が土台となって展開されるという具合にである。

〈若者の政治〉は、それでは、若者たちが政治的主体として行動できる回路や場を、どれだけ、どのようにつくりだしてきたのだろうか。

ある日突然政治的な意識に目覚め行動に移るというのは非現実的な想定だ。「若者が変わった」、つまり〈若者の政治〉が社会に可視化されるようになったというのであれば、そのことを準備した背景、〈若者の政治〉を出現させた前史とは何だったのか。

時期的に言えば九〇年代末からの日本社会の急激な変動が〈若者の政治〉を出現させる基盤となり始点となったように思う。なぜこの時期なのかはあきらかで、新自由主義構造改革の進行が若年層の労働環境、生活条件を激変させ、若者のライフコースを従来と同じに維持することが難しくなったからである。そしてそのことが、若年層に、自分自身のこととしてつきつけられたからである。

就職もままならない困難の出現は、さしあたり、いわゆるロストジェネレーションに特有の事態として社会問題化されたが、実際には、九〇年代半ばからの構造改革時代に生き育つ若者たちの全体に共通する問題だった。雇用流動化政策の下での就職難、非正規雇用の拡大はもちろんのこと、二〇一〇年代にはブラック企業という言葉で誰もが知るようになる、非人間的労働を強いる企業の現実、経済的事情を主因とする未婚化の進行、貧困に由来する学業継続の困難、職業アスピレーションや将来意識の変化等々が一挙に出現した。要するに、生活と人生にかかわる全局面での大規模な変動に、その当時の若者たちは直面した。

若年層を直撃したこの変動が日本社会と国家とを改変する構造改革政治の結果であることは理解されていなかったかもしれない。が、自分たちの身に迫る変化は無視できず逃げることもできない。「では、どうするか」を自分自身にそくして考えるよう迫る巨大な変化がすすんだのである。

もちろん、日本社会の構造的変動に促された意識の流動化が政治的な次元でどのような方向をとり、どう表出されるかは一律に決まってはいない。フリーターの立場から「希望は戦争」と述べ物議を醸した赤木智弘の議論*は、若者の右傾化だと評され、社会的に下層におかれた若者たちが右傾化してゆく象徴のように受けとられた。若者を襲った困難が彼らを右傾化させたという理解だが、それは多分に誤解を含んでいた。

*「丸山真男を引っぱたきたい」朝日新聞社『論座』二〇〇七年一月号

ゼロ年代前後に顕著となるインターネット・コミュニケーションの一般化は、ネット社会での政治的主張・発言を活発化させた。真っ先にネットを利用したのは若年層だったから、ネット社会での右翼的言辞を若者たちの仕業と想像するのは無理からぬところではあった。

こうした右傾化理解について本書では触れえないが、若年層の経済的・社会的窮迫が右傾化につながるという理解は、実態に反する。赤木の議論の核心も、見通しのない非正規労働に若者を追いやる日本社会の現実に目を背けるなという点にあった。「わが身を苦しめる現実、社会を壊してなぜいけない」という問いかけは、この時期の変動の激しさを念頭におけば、生まれるべくして生まれた。

では、若者たちは、社会の何をどのように壊そう（変えよう）と願ったのか、実際にそうした行動に出られたのか？

使い捨ての労働力として扱われたくない

「政治の話はタブー」という暗黙の圧力が支配している場では、自分にとって身近な生活上の問題や仕事・職場の問題を政治的に扱うことも難しいことを述べた。〈若者の政治〉が出現する重要なステップとして、この取り上げにくい身近な現実を直接の対象に若者たち自身が行動し始めた点に注目したい。

自分の生活や将来に直接かかわることがらの中でも、就職やアルバイトでぶつかる困難は、社会問題／政治問題として取り上げにくい（自ら行動しにくい）ことの代表例だった。なぜ問題にしにくかったのか、その理由ははっきりしている。

就職活動をしなくてはいけないのに、「今のシューカツはおかしい」と異議を唱えるのは難しい。「イヤだ、おかしい」と感じながらシューカツするのは自分が苦しいし、「それがイヤなら別の道を探せばいいのに」という脅し文句も待ち構えている。仕事を見つけなくては生活の見通しがたたない者に、「それがイヤなら……」と言うのは、「日本の社会はおかしい」と批判する人に、「イヤなら日本から出てゆけ」と言うことと同じで、効果的な脅迫だ。

自分が働く会社に対して「おかしい」と主張することはさらに難しい。アルバイトでも、その難しさに正社員とそれほどの違いはない。「バイトでも有給休暇があるって聞いたんですけど」くらいのことを尋ねるのにも勇気はいる。実際、「うちはそういう規則はないんで」と軽くあしらわれる例は現在でも後を絶たない。「うるさいやつ」「職場の和を乱す」と見られたらそこで働き続けるのは難しい。

シューカツのおかしさも働き方の理不尽も、そのおかしさを直接体験した若者たちが沈黙を強いられるのは、雇う側、会社に逆らって生活に響く、将来に響くことが不安だからだ。企業がそれだけの強大な権力を持っていることを誰もが経験上からよくわかっている。

それだから、数々の過労死事件であきらかなように、理不尽だ、辛いと思っても、ぎりぎりまで、身体がボロボロになり心が折れるまで頑張る。「若者は耐性がない」というお定まりの非難があるが、とんでもないまちがいだ。無茶苦茶な働き方を強いられ、身体を壊し心を傷つけられてしまった若者がいかに多いことか。高校や大学の教員なら、きっと、身近にあるそんな例を挙げられることだろう。「若者残酷物語」のそうした実例に、筆者自身、今にいたるまで途切れることなく遭遇してきたし、過重労働の実状を示す報告、調査も、いちいち挙げるまでもなく、多数積み重ねられている。

問題は、本当にきびしい現実が自分の周囲に溢れているからこそ、「会社には逆らえない」という意識が染みわたる点にある。「ものが言えない」とはそういうしくみのことを言う。おかしいと思う労働実態があっても、それを表に出すことが憚られるこの状況は、若者に気概や勇気が欠けているせいでつくられたのではない。「職場の秩序、働く環境を決めている秩序に逆らうとペナルティがあるぞ」という脅迫的な圧力*がはたらいていることが最大の原因になっている。

*「もしことを荒立てるようなことがあれば、あなたの方はこの業界では就職できなくなりますよ」とは、ある学生がブラック企業の社長から実際に言われた例である。近年ようやく表面化したシューカツ時のパワハラ、セクハラの実態は、この脅迫的圧力が長期間にわたり続いてきたことを推測させる。

ところが、就職、労働環境をめぐるこうしたきびしい状況の下で、それでも声を挙げ、自分たちの窮状を打開しようとする行動が若者たちの間で生まれた。九〇年代末からのことである。「こんなに豊かな社会で、恵まれた環境にいるのに働けない、生きづらいなどと、何を贅沢言っているのだ」という大人たちの感じ方とはまったくちがう感覚で、自分たちが生きる社会を眺める若者たちが現れたのである。ところが、大人たちの若者像は、依然として、経済大国と言われた時期のそれを引きずっていたから、若者たちのリアルなすがたとそうした像との間には大きなギャップがあった。神戸連続児童殺傷事件や「一七歳の心の闇」と呼ばれた少年事件、少女たちの「援助交際」が社会問題化され、耳目を集めた事件を通じて「社会的引きこもり」の若者たちへの不安と警戒心が高まったこの時期、日本社会に広がったのは、筆者がユースフォビアと名づけた若者バッシングだった。「何を考えているかわからない不気味な若者」、「突然キレる少年」といったイメージに加え、働くことの困難を抱えた若者たちに対しても、たとえば、ニートが「社会に出て働く意欲のない若者」として問題視されたように、非難の視線が強く向けられた。しかし、そんな通念の外側で、若者の間には、自分たちの生きづらさを、社会的・政治的なことがらとしてつかまえようとする意識が育ってゆく。さしあたり意識にすぎないとしても、上がり目の生活も上がり目の経済もまるで実感できない、それどころか自分自身の将来にも見通しがたたない状況におかれ、「この社会は何だ」という疑問を抱く若者たちが出現する。社会について抱く像が、バブル期までの日本を経験した親の世代とは逆になってしまったのである。

言うまでもなく、そうした変化が出現した背景には、先述した日本社会の構造変動、若年層を直撃した雇用・就業環境の急激な劣悪化があった。九五年前後に物心ついた少年少女は、日本社会について、生まれてこの方ずっと不景気だという印象しか持ちようがない。経済大国や成長経済のすがたを生活実感に引きよせて感じられる機会は、この時期以降失われる。「こんなに豊かな社会」という出発点がそもそもちがっているのだ。ちょうどこの時期に就業期を迎えた世代がロストジェネレーションである。一九九五年に二〇歳となった雨宮処凛はこう回顧している。

「私は高卒だったので、就職が厳しくなりはじめた時期でもあって、大学に行っている人はまだ時代の厳しさに直面していないけれども、自分のまわりの高卒はみんな、まんべんなくフリーターという状況でした」

（中西編『1995年 未了の問題圏』大月書店二〇〇八、四五頁）

一九九五年を「自分たちが見捨てられたはじまりの年」(同前) と呼ぶ雨宮のこの回顧にあるように、九一年のバブル崩壊あたりから始まっていた高卒就職の困難は、この時期には、これまでの高卒就職のしくみ (進路指導を通じての一人一社制のマッチング) を壊すまでに顕在化した。フリーターと呼ばれた若年非正規労働者の増加が指摘され、就職・就業の困難な若者たちの存在が注目されるのはゼロ年代に入るあたりからだが、そこで焦点になったのは、「大学を出たけれど就職できない」若年層だった。高卒就職のきびしい実状はそれより早く生じていたけれど、「大卒なのにフリーター」という状況の衝撃がなければ、若者たちが直面した困難は表面化しにくかった。

ともかく、こうして、就職困難に始まり、非正規雇用で働く若者が抱えるさまざまな困難が、ロストジェネレーションの問題としてつたえられるとともに、その当事者である若者の発言・行動も注視されるようになる。フリーターと名づけられ、現状にも将来にも展望のない存在とみられ扱われる若年層の側から、自分たちの劣悪な労働環境とこれをもたらしている政策や社会構造に対する異議申し立ての活動が広がっていった。ロスジェネ論壇という言葉が生まれたことからわかるように、若年層の窮状を社会・政治問題として取り上げる論説も次々に出されるようになった。

この過程を細かく追うことはここでの主題ではない。確認したいのは、若者たちの労働問題・生活 (貧困) 問題が社会的に解決すべき課題としてはっきり浮上したこと、そして、困難を探り出し解決しようとする行動の一角に、当事者である若者自身が参加し始めたことである。つまり、一番問題化しにくい身近なことがらを社会・政治問題の舞台へと持ち出したのである。

「フリーター二〇〇万人時代」などと言われた状況を考えれば、アクティブに行動し始めた者はほんの一部に過ぎぬかもしれない。しかし、当事者の声が社会に見えるかそうでないかでは、歴然たるちがいがある。たとえば、二〇〇〇年一二月に結成された「首都圏青年ユニオン」は、不安定雇用の若者を対象とし、組合員数ではごく小規模の、ささやかなユニオンでありながら、マスコミに報じられ、次々に相談が持ちこまれる反響を呼び起こした*。

*「この組合の結成がマスコミで報道されてから、残業代未払いや乱暴な解雇などの労働相談が毎日のように持ち込まれています。その多くは明らかな法違反や厚労省が提示する基準以下の処遇にかんするものであり、労働組合として対応すれば解決可能なものがほとんどです。実際、首都圏青年ユニオンの組合員たちは、公務公共一般の先輩たちに教えられ、短期間に自分たちで交渉・解決できる能力を身につけ、多くの事件を解決してきました。現在も、ヨドバシカメラ事件の裁判などが進行中ですが、若者の生活と権利を守って闘う姿は上の世代にはまぶしく映ります。組合員もふえ、現在、一二〇名となりました」

（「首都圏青年ユニオンを支える会呼びかけ」二〇〇四年五月）

学生アルバイトなど、これまで労働運動とは無縁と思われてきた若者たちが加入している目新しさをふくめ、若者自身が主張し行動している点にメディアは注目した。困難にぶつかっている当事者の声を通じ、「豊かな社会」の若者という虚像が剥がされていったことの意義は大きい。派遣ユニオン（二〇〇五年四月結成）、フリーター全般労組（二〇〇四年八月結成）など、非正規・不安定雇用の労働者を対象にこの時期に相次いで結成されたユニオン（プレカリアートユニオンの結成は少し遅く二〇一二年四月）の活動を通じ、経営者側のあくどい働かせ方に公然と抵抗する若者たちが生まれてきた。ネットカフェ難民、日払い派遣、名ばかり管理職、偽装請負、派遣切りと日比谷派遣村等々、ゼロ年代初頭からリーマンショックを経て二〇一〇年前後まで、その都度世論の関心を惹きつけ、政府や経営側が対処を迫られた問題の数々は、声を挙げる当事者の力によって、労働の政治という舞台へ押し上げられたと言える。その当事者のなかに、少なからぬ若者たちがいたことはまちがいない。

ただし、使い捨ての労働力として扱われる現実への若者たちの抗議を、ユニオンの活動に支えられる既存の労働政治からまったく切れた自前の運動と誤解してはならないだろう。若年層の参加を支える意識的な働きかけを行ってきたＪＭＩＵ等々の労働組合の努力を無視すべきではない。ここに挙げたユニオンの組織にしても、若年層の運動を支えるための支援（労働運動家のオルグ、既存労組の財政支援等）が大きな役割を果たした。「若者自身が立ち上がった」という肯定的評価のなかには、しばしば、若者を惹きつけることのできない既存の運動を、若者には通用しない古いスタイルと片づけてすませる理解があるが、それは短絡的で実態に反する。同様の誤解は、労働分野にかぎらず、若者の社会・政治運動全体についても言えることだ。

若者は労働問題にどのように近づくか

使い捨ての労働力として扱うなと行動し始めた若者たちの運動にはどんな特徴がみられるか、簡単にまとめておこう。

まず指摘したいのは、がんばればいくらでも働けるはずと見られ扱われてきた若者にとっての労働問題が取り上げられるようになったことだ。自分たちの困難を労働問題としてとらえ、問題解決のために労働の政治という舞台に参加することは、労働運動に接する機会が閉ざされてきた若者たちにとって重要な変化と言える。この変化は、同時に、若者でも労働運動に加わる例が出始めたというだけではなく、若者が加われるような労働運動、ユニオンのかたちが、十分でないにしても、育ってきたこと、労働の政治の幅が広がってきたことを意味している。

二番目に挙げたいのは、貧困問題の一角に若者の貧困が位置づくようになった点である。若者が普通に働けば貧困になるはずがないという常識は通用しなくなった。不安定な働き方を強いられる若者の困難は労働問題であるだけでなく貧困問題でもある。

ネットカフェ難民やフリーターの実状をつたえる先駆的報道*は若者の貧困が注目されるきっかけとなった。不安定雇用の若者がおかれている深刻な生活難、住む家さえもない貧困の現実は、リーマンショックによる非正規労働者の雇用悪化（雇い止め等）のために一層深刻となり、その窮状が、日比谷年越し派遣村**によって、一挙に知られるようになった。若者の働き方の問題を貧困の克服という課題と結びつけて考えとりくむ視点、方向、つまり、若者の窮状を反貧困運動によって打開しようとする展望が開かれてきた。二〇〇七年に結成され、全国に広がってゆく反貧困ネットワークの運動のなかで、若者の貧困が重要な課題になっていることは、その一例である。

*NHKスペシャルのフリーター特集(松宮健一『フリーター漂流』旬報社二〇〇六参照)、NNNドキュメント「ネットカフェ難民 漂流する貧困者たち」(水島宏明『ネットカフェ難民と貧困ニッポン』日本テレビ放送網二〇〇七参照)など。なお、貧困のつたえられ方にはジェンダー・バイアスがあり、若年女性の貧困が取り上げられるのは、売春や性非行にかかわっての論及を除くと、相対的に遅れた。

**米国でのフーバー村を連想させる派遣村は、若い世代の労働運動家、社会運動家の発想でとりくまれた運動であり、自然に出現したのではない。

貧困という切り口から若者の現実をつかもうとするアプローチは、若者がおかれた多様な貧困状態をリアルにとらえるとりくみにつながる。高校生・大学生のブラックバイト、奨学金地獄と呼ばれる奨学金返済の現実を告発する運動が起こされ、学校教育の段階で不利な条件におかれる子どもの貧困が社会問題化した。次いで、女子若年層に特徴的な貧困の深刻さについての報告も行われるようになる。すべての問題で当事者による運動がすすんだとは言えないが、若者の働き方、生活、ライフコース全般について、貧困を克服するという視点に立つ問題の把握ととりくみの重要性が認められるようになった。

若者の貧困を放置してはならないという主張は、貧困をなくそうというだけでなく、貧困状態におかれることで社会の一員として認められない、社会から疎外されてしまう、それは不当だという論点をふくんでいる。この点をはっきり述べた発言をみよう。


「同じ思いの仲間と作ったのが、「大阪の高校生に笑顔をください」の会です。その当時、橋下知事との会談で、許せない発言がありました。不登校で私学に行かざるを得なかった子に対して、「なんで転校しなかったんですか? 転校すればよかったじゃないですか? この国の原則は自己責任です。それが嫌なら、あなたが政治家になって変えるか、この国を出ていけばいいのです」と、不登校の子に対して、貧困家庭に生まれたことに対して、自己責任だと言われたのです。

当時、お金がなくて学校に行けない高校生がこの大阪に沢山いました。不登校の子がこの大阪には今なお沢山増え続けています。私はこの発言を、今なお、許すことはできません。

この時、この国は黙っていたら、弱者が一番初めに切られていく社会なのだということに気づきました。現在を生きる私たちの社会は、自己責任と強い者しか生きられないという強烈なメッセージを、子供、若者に対して集中的に浴びせ続ける状況があり、その重圧が子供や若者をどれだけ苦しめていることか」

（二〇一五年一一月四日 SEALDs KANSAI「自由と民主主義のための緊急街宣アピール」でのス

SEALDsの集会でもしばしば触れられてきた、「経済的に厳しい状況におかれているため声を挙げられない若者がいる、それは不公正だ」という主張は、社会的排除に対する抗議でもある点が重要だ。貧困を克服するという課題は、この意味では、ものが言えない状態に押しこめられた人々が社会の一員として声を挙げ行動できる状態を保障する課題でもある。民主主義を取り戻す課題の一環に貧困問題が位置づけられること——そういうつながりを自覚させたのが、反貧困運動の果たした一つの効果だろう。

さらに加えて、貧困を放置していることは民主主義の欠陥だというつかまえ方ができることは、この欠陥を正すための行動を貧困状態におかれた存在だけに押しつけてはいけないという認識につながる。

この認識から、「貧困を克服する運動の当事者は貧困な若者だけ」という当事者像の狭さが導かれる。これは、苦しい状態にある者ほど声を挙げられない現実——それはいまでもきわめて強力だ——を利用して、「当事者でもないお前がものを言うな」と、〈若者の政治〉を抑えこむ支配政治への反撃となる。

以上のことからすでに示されているように、若者の労働苦、生活難、貧困を社会問題として取り上げ行動する社会・政治運動のネットワークが広がったこと——これが三番目の特徴である。

不安定雇用の若者を支援するユニオン、生活困難に対処するＮＰＯなどの民間団体、日弁連等の専門家、共産党などの左派政党がさまざまにつながり、若者たちが主張し運動できる条件を広げてきた。若年層の現実をリアルに受けとめつたえて、彼らを苦境に追いやる社会を追求したジャーナリスト、メディア・アクティヴィストの役割も大きい。

〈若者の政治〉という視点からみると、こうしたネットワークの広がりは、若者たちが自前の運動を広げるための社会的・政治的資源が豊かになることを意味する。重要なのは、「かわいそうな若者を救おう」キャンペーンではなく、どう行動するかを考え始めた若者が「使える」手段、自分たちの声、要求を受けとめさせる場が広がるということである。

「労働問題、貧困問題にとりくむ」と聞くと、私たちが想像するこれまでの運動イメージがある。しかし、若者の働き方、貧困を問題とする活動には、その枠には収まらない性格がある。課題が働き方、貧困であっても、それらを取り上げる活動、組織、参加者は、従来の運動イメージが想定する当事者性の枠内には収まらないという点である。その問題に関心を寄せる人々すべてを対象とする意味での社会運動（市民運動）であること――これが四番目の特徴だ。

この特徴は、反貧困ネットワークの広がりにいたるまでの経過にもすでにひそんでいたが、ここでは、市民運動であることを意識的に追求する行動組織として、最低賃金時給一五〇〇円の要求を掲げ二〇一五年に活動を開始したAEQUITASメンバーの主張をみておこう。

「エキタスのもともとの問題意識には、三・一一以降の市民運動のなかの人たちを労働運動に引き込む、反新自由主義の運動に引き込むということが含まれていた。すなわち三・一一以降に形成されてきた「市民」に向けて呼びかけ、その「市民」を主な運動主体として想定してきた」。そして、「ある社会問題の通俗的な理解における「当事者」でなくとも、その社会問題のある社会に私たちは生きているのだから怒ったっていいのだ・怒るべきだという論理を培ってきた」

（栗原耕平「エキタスと「市民」」日本国家公務員労働組合連合会『KOKKO』二〇一六年九月号所収、六〇・六一頁）

ここでは、もっぱら労働組合とその周辺に位置する団体や人々がとりくむテーマとみられてきた労働問題を市民運動の領域に持ちこむ（「市民運動のなかの人たちを労働運動に引き込む」）意図が明瞭に語られている。

労働運動の諸課題やアクションが、実際には広い市民層の生活・労働にかかわるものでありながら、限定された「当事者」の特定利害にかかわることがらとして狭く考えられるようになってしまった背景には長い歴史がある。ストライキが市民生活への迷惑とみなされ冷淡に扱われるようになった、ざっと四〇年近くの軌跡を想像して欲しい。そうやって「個別利害」の特殊な争いに貶められてきた労働問題と労働の政治とを、市民がかかわれる社会問題へと「変身」させたい、またそうしなければ、市民の眼に労働問題も労働の政治も映りにくい――そういう状況をつくりだしてきた文配政治のあり方をも崩してゆこうというのが、この主張の意味だろう。

日常生活の中に「政治」を自然に位置づける

市民運動という言葉も市民という言葉も、日本社会に暮らす私たちの日常感覚と少し距離がある。自分のことを指して労働者と言うことにも疎遠な感じがつきまとうが、「私たち市民は」と自称するのにもある種の恥ずかしさがひそんでいる。

もちろん人民という言葉はもはや死語に近い。ピープルと言えば本当はおかしくないはずなのに、パンピーという自己卑下をふくむ呼称がわずかに人民の意味をとどめるくらいだろう。下からの政治をになう人々の意味で用いられる民衆という言葉は、過ぎ去った時代を対象とすることが多い。ブレイディみかこが（多分意識して）使う「地べたの人々」*に当たる、権力者、経済的・政治的支配層、エリートではない「一般大衆」を政治のにない手として指す言葉がないのである。若者という言葉はそのまま政治的意味を帯びることがあるが、すでに述べたように、政治的に無関心な若者という像は、政治のにない手という特徴を若者という言葉から取り除いてしまった。

*『ヨーロッパ・コーリング 地べたからのポリティカル・レポート』（岩波書店二〇一六）など。

政治的・社会的な主体として自分たちを名指すぴったりした言葉が見当たらないことは、たんに言葉の問題ではない。政治の場から「一般大衆」の幅広い振る舞いが排除されてきた状況の反映だからである。言葉の貧困は権力政治に対抗する政治のにない手を見えなくさせるようはたらいている。

前掲した栗原の発言が、「三・一一以降の市民運動の人たち」という限定をつけている点に注意しよう。東日本大震災と東電の原発災害という巨大な厄災に見舞われた人々の運動を典型として「市民運動の人たち」と呼んでいる。その記述には、「新たに体験された」あるいは「ようやく生まれ出た」市民運動というニュアンスが込められていそうだ。

七〇年代から八〇年代にかけ強力に進められた原発推進体制に抗い続けた人々は、三・一一以後に広がった原発反対運動に接して、「取り返しのつかない被害を生み出した後になってやっと生まれた」という思いがよぎるかもしれない。その思いには、チェルノブイリ（一九八六年）の教訓を受けとめられなかった日本社会への悔しさもあるだろう*。原発推進の政治がそれほどに強大な権力を行使して危険をおおい隠し、反対運動を抑えつけてきたということなのだが。

*森崎東「生きてるうちが花なのよ死んだらそれまでよ党宣言」（一九八五）という不朽の傑作映画が描き出した原発列島・差別社会日本のすがたは、いまもなお、忘れ去られたままである。

だが、二一世紀に引き起こされた最大級の厄災（人災）となるだろう原発事故は、この権力をまちがいなく動揺させた。「原発はいらない」という幅広い意識と運動とが急激に広がったのである。

原発推進勢力の執拗な巻き返し策にもかかわらず、日本に原発は不要だという意識は、依然として多数である。
人災としての原発事故がもたらした生存の危機に対して敏感に反応し、不安を抱いたのは子育て世帯の若年層と言ってよいだろう*。

*小熊英二「盲点を探り当てた試行」（小熊編著『原発を止める人々』文藝春秋二〇一三所収）は、脱原発デモの潮流を、未婚ないし子どものいない三〇代以下、既存の反原発団体に集まる中高年層、環境保護団体などの呼びかけに答えた子連れファミリーに分類している。子育て世帯・子連れファミリーは、社会・政治運動からこれまで相対的に遠かった層と言える。

今までは遠く離れた地域の「風景」でしかなかった原発が、突然、家庭生活を脅かす危険な存在に変貌し襲いかかる——ベクレルやマイクロシーベルトという単位で語られる数値以外にたしかめようがなく察知できない危険をどう防げばいいのか。原発推進勢力による「反攻」（危険の隠蔽工作）が執拗に続けられていても、この不安、危険感覚は押しつぶされてはいない。どう取り繕おうと、原発の安全神話は三・一一を期に崩壊したのであり、原発のない日本社会をどうつくるかという新しい課題が私たちの前に現れた。
原発のない社会で生きることをめざす課題の切実さ、切迫感は、原発維持政策の転換を求める大きなアクションを生み出した。「大きな」とは、原発に反対する運動のこれまでの枠を超えてという意味である。諸外国の社会運動に比して大規模と言えなくても、数千人、数万人から一〇万を超える人々が国会前、総理官邸前などに繰り返し集まる街頭行動は、その様式をふくめ（たとえば、サウンドデモ、ラップ歌手の参加等々）、これまでの市民運動の枠を超えたものと受けとられ、実際にそうであった。そうした行動の広がりとその特徴については、前掲小熊編著『原発を止める人々』といったアーカイブをはじめいくつもの報告、分析＊があり、ここであらためて触れるまでもない。若者の政治を考える上で、脱原発を求めるそうしたアクションがもたらした社会的インパクトについて三点だけ指摘したい。

＊野間易道『金曜官邸前抗議』河出書房新社二〇一二、田村貴紀・田村大有『路上の身体・ネットの情動』青弓社二〇一六等

一つ目は、言うまでもなく、自分たちの主張（政治的意思）を社会に向かって直接表現することの可能性を意識させたことだ。

デモ（パレード）や集会の組織には、「原発を止める」という課題の実現とならんで、そう主張する自分たちの意思をそれにふさわしいかたちで直接に表明するという次元が存在する。そしてこの次元は、原発を止める課題の追求に劣らず、〈若者の政治〉にとって重要なファクターであった。自分がデモに行くなど想像できない状態と、意思を表明する行動との間に立ちはだかってきた障壁が、自分たちなりのやり方で意思表示する実例と経験によって壊されるからだ。

自分たちの意思を訴えるのにふさわしいかたちの模索*は、「自分たち」の存在を政治的に位置づけるうえでゆるがせにできない意味を持つ。

*SASPL結成にいたるメンバーが原発反対集会を覗きにやってきて、それとはちがう意思表明のあり方を考え始め TAZ（一時的自律空間・二〇一二）を結成したのはその一例と言える。

たとえば、集会の場に組合旗を持ち込まないでという要求はその象徴的事例だろう。労働組合旗は集団としての意思をあきらかにする象徴機能を持ち、労働組合に属していることの社会的・政治的意味をたしかめさせる強い意義を持つから、ユニオンの街頭行動には欠かせないものとして扱われてきた。それが、「自分たち」はそこに属さない（属せない）と感じさせる対象と感じられることは、集会の開放性にかかわる無視できない問題である。「自分たち」の範囲（境界）を発見するのにふさわしいかたちであるかどうかが問われているからだ。

つけ加えておくと、この軋轢は、「誰でも個人で参加しやすいように」という浅い次元で了解すべきではないと思う。組合旗を掲げるのとはちがうやり方であっても、「自分たち」という集団的意思を見えるようにする手法のひとつと考えれば、〈若者の政治〉を具体化してゆくひとつの径路と考えられるからである。

第二に、原発がもたらす放射能汚染は、その性質上、私たちの生活と政治との結びつきを具体的に意識させ、日常生活のただ中に政治を否応なく持ち込む。

放射能被害を防ごうとする意識や行動のすそ野は広い。個々の家庭生活のレベルに、学校や保育施設等での給食をめぐる「何を食べてよいか」という問題に、あるいはまた、どこから電力を得てどう使うかというライスタイルの問題に……原発（推進体制）にたいする態度や考え方が多かれ少なかれ反映される。それはつまり、原発をめぐっての政治意識が生活のさまざまな場面で磨かれ、それぞれに行動の選択を迫られるようになったことを意味する。「結婚は諦めた」と述懐して故郷福島での就職を決意したある学生のことを想起する。一人ひとりの選択はそのように重く、異なる選択（避難するかしないか）をめぐるき裂や軋轢《あつれき》も避けられない。それらはみな、生活と地続きの場面で行われる政治的判断という性格を帯びている。

こうして、「政治の世界」に近づかない、政治的とみられてしまう主張を日常の自分と切り分けておく「処世術」が、三・一一原発事故をきっかけに変化し始めた*。職業上の「制約」から政治的発言を控えてきた（控えざるをえないと思わされてきた）ホワイトカラー、タレント、ミュージシャンなどが原発推進への疑問を表明し始めたことはその一例だろう。

*原発事故のみならず、震災全体、被害と復興をめぐるあらゆる問題が同様の特徴を持っている点に留意しよう。震災のような災害を政治と無縁の「人道主義」視点一色に染め上げてしまうことの錯誤は、カトリーナ・ハリケーンに関する分析をはじめ、数々の報告、検討に示されるとおりだ。「人道主義」に解消することで政策の検証を回避する政治文化は日本における「災害の政治学」の一特徴と言えるが、三・一一の衝撃はそうした政治文化をかなりの程度突き崩した。

このように、政治を生活のなかに、その一部としてとどめおく感覚が表に現れたのは、三・一一が生み出した重要な変化に感じられる。以下の発言はそれをよく示している。

「あまりにテンションの異なる日常ツイートと原発事故の福島関連ツイート、アカウントを分ける提案ももらったけど、どちらも真実、等身大の私なのでこのまま分けずにアカウントのまでいく。だから、なんか怒りつつ原発の話をしてても、その前のくだらない話にリプ頂いて大丈夫です気になさらず」

（田村・田村前掲書六五頁、傍線中西）

三・一一がもたらした、自分の生活と切り分けることのできない「政治」の自覚は、若者の生活の内側にひそむ政治に気づく上で貴重な足場となった。

もちろん、重要なのは、若者の生活圏に染みこんでいる政治問題とは何なのかであり、原発を止めるための運動に参加するかどうかという一つの選択ではない。本当は政治とかかわりながらそうは感じられず扱われもしない「生活問題」はたくさんある。たとえば、恋愛関係をはじめ生活行動のあちこちにすがたを表すセクシズム（性差別主義）や、人間関係のあらゆる場面にひそむ根の深い能力主義等々。しかし、そうであるからこそ、自分たちの生活を「政治の眼」で見直し考え行動してもかまわないのだという足場が築かれることの意義は大きい。

最後に、安全神話に寄りかかって原発事故を防げなかった「大人たちの社会」に対する少年少女の不信感に触れておきたい。表だって現れにくく、実証されにくいことではあるが、震災・原発事故体験が、その時思春期にあった若者たちの日本社会像に深く食いこんで影響を与え続けることは十分推測できるのではないか。

自分を社会の一員と感じられないことは、経済大国―バブル期の中高校生に特有の、広く行き渡った意識である。それは思春期特有の疎外感というより、日本の若者が全体として社会人としてのあり方を疎外されてきた（政治的疎外でもある）ことの反映と言えるだろう。

震災・原発事故体験は、そのように自分たちを社会的主体と扱わずにきた社会体制が、実は信頼に値しない不誠実・不公正なものだったことに気づかせた。「これが普通」と言われ続け、「動かすなんてできない」と思いこまされてきた社会体制の虚偽性が震災・原発事故によってさらけ出されたのである。

この経験は、自身の身にそくして体感された「裏切られ体験」と言えるかもしれない。「復興に力と知恵を発揮する頼もしい若者」像にそった動員がそれなりに若者の活躍の場を提供したとはいえ、「これほどにひどいダメージを社会に与えた既存のシステムがはたして信用できるのか」という疑念は、解消されることなく、社会―政治意識を揺さぶる「根」となり、どんな社会を望むかという未来像（未来に多くを望まないという断念の感覚もふくめて）に響くことだろう。未曾有の震災・

原発事故体験は、「平和で安全な日本社会」イメージがなお支配的であった時期に作家の想像力が予感した、以下のような状況を現実化させた。

「あたしは、暴力も喪失も痛みもなにもなかったふりをしてつらっとしてある日大人になるだろう。友達の死を若き日の勲章みたいに居酒屋で飲みながら憐情たっぷりに語るような腐った大人にはなりたくない。胸の中でどうにもできないまま大人になる気がする。だけど十三歳でここの周りには同じようなへっぽこ武器でぽこぽこへんなものを撃ちながら戦ってる兵士たちがほかにもいて、生き残った子と死んじゃった子がいたことをけして忘れないと思う。忘れない」

（桜庭一樹『砂糖菓子の弾丸は撃ちぬけない』富士見ミステリー文庫二〇〇四、二〇三頁）

「勝手に決めるな」

自分たちに口をはさませず権力を振るって社会のありようを決めてゆく体制は、「それが国民のためだ」と言われても納得できない——「勝手に決めるな、自分たちの声を聞け」という要求と行動につながるこうした感じ方、主張は、〈若者の政治〉の、本質的な要素ではないか。そしてそれは、まぎれもなく、民主主義感覚と呼ぶべき心性ではないか。

特定秘密保護法の制定から安保法制の強行にいたる安倍政権の強権政治にたいして、SASPLE—SEALDsなどに集まる若者たちが敏感に反応したのは、一つひとつの係争課題にそくした問題への注目とならんで、権力の横暴（統治行為の逸脱）を止めなくてはいけないという強い意志があったからである。（「本気で止める」という発言に、それはよく現れている）

特定秘密保護法についてみるなら、「国家（権力）が自由を侵害するのは危険だ」という内容上の疑問と政府（安倍政権）が世論の反対を無視して法案を強行する手法への反発とが結びついて、これに反対する強い意志を生み出した。安保法制にたいする反対行動では、集団的自衛権を認め米国の軍事戦略と一体化した戦争行動に自衛隊が加わることへの危機感（平和主義の文脈）とともに、憲法秩序を支える立憲主義の破壊によってそうした法制化が強行されてしまうことへの怒りが、若者たちの行動を促した。

つまり、中央政府であれ、自治体であれ、権力による自由の侵害に抗議し抵抗する「リベラリズム」が、若者たちの政治行動に一貫して流れる理念であり、彼女ら彼らをまとめる結集軸だったと言えるだろう。

「勝手に決めるな」という感じ方に支えられた若者の意思表示は、SASPLやSEALDsが注目を浴びる以前にも、教育基本法改定に反対する個別大学での学生の集まりに現れていたように思う。また、東京都条例のマンガ規制にたいする反対や「踊る自由」を奪うダンス規制にたいする反対などにも、同様の感じ方を見てとれるだろう。つまり、自分たちにものを言わせようとしないシステム、権力的規制に対する幅広い反発の感情があるということだ。

貧困層のみならず若年層全体が政治的意思決定をはじめ社会的合意をつくるプロセス全般から排除されている現代日本では、社会的自由をことごとく侵犯されているとの感覚が醸成されることは決して不思議ではない。自分に縁遠く、かかわりようがないと確信している「社会」*が自分(の生活・生き方)を脅かすと気づくところに、「勝手に決めるな」という怒りが生まれる。排除されているという実感は、社会からの「退出」と社会介入という正反対の行動どちらにも開かれているが、「勝手に決めるな」は、言うまでもなく、後者につながる意思表示である。

*「自分の参加が社会を変えられると思う＋そう思う」三八％という調査結果は、米国六二％、ドイツ五九％、スウェーデン五七％などと比して対照的だ。(鈴木賢志『日本の若者はなぜ希望を持てないのか 日本と主要6カ国の国際比較』草思社二〇一五、一六〇頁)

「言うこと聞かせる番だ俺たちが」というコールへと進化する原曲「言うこと聞くよな奴らじゃないぞ」の作者、ラップ歌手のECDは、あるインタビューで、その変化をこうとらえている。

「(イラク反戦デモのときつくった原曲は)上から物言ってくるヤツらには反発するぜ俺たちは、みたいな感じ。でも、2011年に原発が爆発して止めなきゃなんないっていう時に、〝ぶち壊せ!〟とか、そういうのじゃ何も変えられない世の中になったんだっていうのをすごい思った。原発を廃炉にするまで、ちゃんと責任持ってやってくれる人がいないとダメじゃないですか。それまでは国家なんかいらないっていうぐらいの気持ちでいたんですけど、国家があるってことを認めて、どんだけ気にくわない政府でもそれがあることはちゃんと受け入れて、やることをやらせるっていう方向でしか、もうやっていけないんだって考えるようになった。そこは大きな転換だったんじゃないかな」

（『ミュージックマガジン』二〇一六年一二月号、七三頁）

このとらえ方に従うなら、「勝手に決めるな」という意思表示は、政治から身を引き離すことで自由を得ようとするタイプの発想ではなく、政治勢力に自分たちの言い分を聞かせ、政治的影響力を行使しようとする社会介入の発想に立っていることになる。社会をつくる側に自分たちを位置づけようとする転換である。

いわば、「言うことを聞かせる」民主主義の追求と呼べそうなこの転換は、SEALDsの街頭行動が突出して注目されたこともあり、世界に広がるポピュリズムの一種として危険視されることがある＊。選挙で選ばれた議員、首長の決定に異を唱えることがおかしい、権力を握った多数派の決定こそが正当という橋下前大阪市長らの主張も、この類の否定論と相互補完の関係にある。

つまり、これらの主張によるなら、「言うことを聞かせる」行動は民主主義ではなく反民主主義の実践ということになる。「民主主義って何だ、これだ」というコールに鮮明に映し出されていたのは、民主主義という理念のリアルなかたちをめぐるこの対立であった。

*SEALDsをこの追求の代表者と目しての冷笑、シニカルな非難を想起されよ。

「勝手に決めるな」という反発には、たしかに、既存の意思決定機構・プロセスにたいする根の深い不信がある。政治不信と一括されてきた、政治家や政治そのものへの幅広い不信感に加えて、若年層では、そうした意思決定機構・プロセスからも排除されている現実が、権力者・政治家の言動と政治行動を信用できないものに感じさせる。それは、「みんなで決めたことに従う」という民主主義的衣装を纏《まと》って権威主義的秩序を押しつけてきた「政治」にたいする忌避─受容の意識にほかならない。このタイプの秩序は、学校生活における意思決定に忠実に反映されてきたから、若者たちにとって十分に経験ずみのものだ。だから、民主主義という言葉だって簡単には信用できない。

とはいえ、この不信感は、すぐさま、「いうことを聞かせる」行動につながるわけではない。むしろ、そのままの形態では、「どうせ自分たちは政治を（社会を）左右できはしないのだ」というあきらめの方に結びつきやすいからである。政治不信がこれまで政治舞台そのものを変える運動や選挙行動につながらなかったのは周知のとおりだ。

思い通りにならない政治に自分たちの意思を反映させる動力、理念としての民主主義（「言うことを聞かせる」民主主義）は、ならば、どのような背景があって生まれるのか、そしてその特徴は何か。

強権政治に立ち向かえる民主主義

「勝手に決めるな」という声を挙げたくなる、いま挙げないと危険だという感覚が広がったのは、「これが民主主義」と言う既存の政治がおかしく感じられたからだろう。要するに、民主主義的統治の変質ないし腐朽と形容できる事態が進行しているからである。〈若者の政治〉にとって強権政治への対抗は中心的な要素と考えられるから、安倍政権に代表される強権政治が民主主義統治の既存のあり方を変質させた点について、まず、確認しておこう。

安保法制の強行にいたる経緯からもわかるように、第二次安倍政権の政治手法が脱法的と言って差し支えない強権性につらぬかれていることは論議の余地がない。脱法と言い強権と言うのは、国会での多数にものを言わせ反対を押し切り疑惑を強引に封じる手法にとどまらない強権統治がすすんでいるからだ。

代表制民主主義と多数決による意思決定とは、民主主義統治の一般的イメージであるが、両者にもとづく統治には、少数意見の尊重等――それは本来、「結論ありき」の形式的手続きではなく、民主主義的統治の本質的要素に位置づけられていた――の制約が加えられている。政治学の知見によれば、民主主義的統治は独裁の可能性を原理的に排除できない。それを考慮すれば、代表制民主主義や多数決による意思決定に制約が設けられるのは政治の知恵というべきだろう。

与野党の折衝をつうじ積み上げられた保守主義の立場からも、これまで容認されてきた審議手続きなど、国会政治の慣習にもそうした知恵は反映されていた。統治する者は間違わない、多数派は間違わないという前提で民主主義のしくみを考えるべきではない、ということである。

強権政治はそうした制約を無視するだけではない。代表制民主主義をふくむ統治の民主主義的基礎までもが、「日本は法治国家だ」という常識さえも疑わせる範囲で、政権の意向によってねじ曲げられ、無力化されつつあること――これを強権性、脱法的と言うのである。政権の恣意的解釈によって集団的自衛権を認め、歴代政府が法的枠組みとして築いてきた憲法解釈とこれにもとづく国家統治・安全保障政策を放棄したこと＊は、その頂点に位置する行為であった。

＊これをクーデターと呼ぶ政治学者もいるほど深刻な立憲主義秩序の破壊である。

したがって、こうした政治手法にたいする批判・反対の中心に（立憲）民主主義を守れというリベラルな要求がすわるのは当然だろう。安保法制に反対する若者たちの運動が野党の共闘を求め、その後の国政選挙にも関与していったことは、「言うことを聞かせる」民主主義が、代表制民主主義の枠組みをむしろ正常に機能させようとするリベラルな性格に立つことを示している。

ただし、それと同時に、民主主義的統治が上から壊されてゆく事態にたいし、直接に反撃を加えること＊もまた、このリベラリズムに組み込まれたことに注意したい。抵抗の意思表示と行動とが民主主義を実現する（回復する）必須のことがらとされていることに注目しよう。民主主義的統治の機能不全にたいして「行動する民主主義」が対抗するという図式である。

＊代表制民主主義の機能不全にたいしては主権者の直接行動が必要であり、その権利を自覚して行使すべきだというロジックそれ自体は、もちろん、近代民主主義理念の枠内にある。

この対抗図式には、（自民党）保守政治にたいする革新派・進歩主義の対抗というこれまでの構図には当てはまらない特徴がある。保守政治の変質が対抗図式の変化をもたらしたからである。従来の保守政治（自民党政治）は、実質はどうあれ、民主主義という統治形式に従う体裁をとっていた。ところが安倍自民党政権は、この体裁を捨て始めており、政権の意向を通すために適法性さえも無視するようになっている。自民党を旧来のイメージのままの保守政党とみなす感覚は依然として強いが、そのイメージはいまや実態と大きく乖離しつつある。いわゆるモリカケ疑惑から最近明るみに出た統計偽装にいたるまで、数々の「失態」が示す官僚機構の劣化、時の権力とのあられもない癒着もまた、保守政治の変質と退嬰《たいえい》を裏づけている。

個々の不祥事や失態について世論の大勢がおかしいと感じ、野党がどれだけ異を唱えても、問題はやり過ごされ、改められることもない。「丁寧に説明してまいります」「適切に対処してゆく所存です」といった言葉の空虚さが示すのは、保守主義（保守政治）をふくめ政治舞台の共通基盤であったはずの民主主義的統治が、そのタテマエ通りに機能しなくなった現実である。

そんな事態がすすんだ理由を安倍政権の暴走にだけ求めるのは適切と言えない。たしかに、欧米の基準ならば極右に近い右派政権である安倍政権が、このような政治変化を推進してきたのは事実である。しかし、秘密保護法制定、集団的自衛権の容認と安保法制の実現は米国の軍事戦略・東アジア秩序構想にそい、米国指導部の要求を忠実に実現したものであった。また、労働、社会保障政策分野では、財界の要求に応える新自由主義構造改革が強硬に押しすめられてきたことも見逃せない。

つまり、特異な右派政権だから統治の変質が生じたのではなく、これらの政策を実現するために、統治のしくみ全般の改変や社会全体の強権的な統合が必要かつ有効だということである。逆に言えば、私たちが当たり前だと考え感じてきた民主主義的統治を骨抜きにしなければ、支配層のめざす課題は遂行できないということである。

何となく「ある」と思ってきた民主主義の具体的な中味とはたらきを「亡きもの」にしてしまうこと、民主主義政治の仮面を被りながら統治の現実において強権政治を当たり前と感じさせること――統治のこの変質を躊躇なく実行できる点にこそ、右派政治の持つ強みがある。

形式的でタテマエ上にせよ民主主義を標榜しなければならない保守政治の制約を乗り越え、権力者の意向にそった体制、秩序を押しとおす。沖縄辺野古基地建設の強行に象徴されるように、反対の民意は力づくで押しつぶす。そうできるためには、統治理念としての民主主義を否定できるがゆえにためらわず強権を振るう右派イデオロギーはきわめて有効である。

つまり、安倍政権の登場と存続は、強権を行使できること（「決められる政治家」）が優先する政治のかたちが出現したことを意味する。「他に適当な人物がいない」という理由での安倍支持は、誰が強権を振るえるかという判断基準にもとづいている。政治をすすめるためには民主主義は邪魔に感じられる。これまでの政治のかたちとはあきらかにちがう政治(強権政治)が広がったのである。

民主主義的統治の変質に対抗し行動する民主主義の射程は、したがって、強権政治の及ぶ領域全体にわたる。政治的なことがらとして考えるべき係争問題は日常生活の中に広く散らばっている。そしてそれだけ、「決めるのは自分たち(主権者)だ」と主張し行動しなければならない場面が拡大する。民主主義の日々の損壊を、その場面その次元で見過ごさないこと――「民主主義ってなんだ、これだ」というコールがつたえようとするのは、この自覚ではないだろうか。

国会前に集まることだけが政治的経験ではない。民主主義の日々の損壊に出会う日常生活の政治とどのように、どれだけかかわっているか、かかわりうるかが、行動する民主主義の力を示す。「ひとり一人が日常ベースでできることをあきらめない」(SEALDs メンバー、IWJインタビュー二〇一六年三月一五日、IWJ配信)あり方、政治とのかかわり方を広げられるかどうかが問題なのである。若者の政治を支える根幹には、こうした民主主義への希求がある。

III

若者を政治に近づかせないしくみ

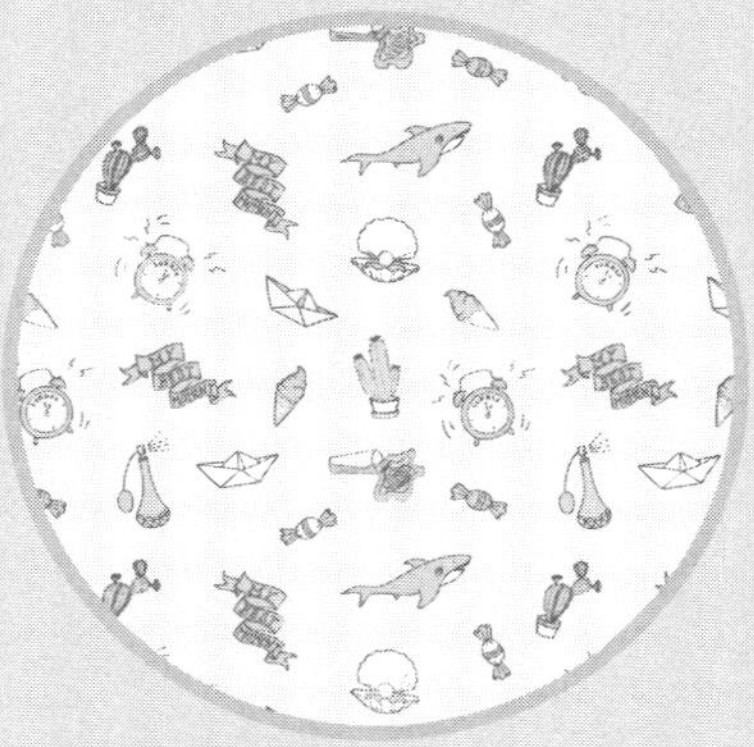

ものが言えない日本社会

前章で概観した変化にもかかわらず、全体としての若年層の意識、政治行動に劇的な変化はうかがえないとする議論、調査結果は少なくない。影響力や効果の点で〈若者の政治〉が日本社会全体を揺るがす規模、水準に達していないと言われれば、それはその通りではある。

だからといって、「いまの若者は社会を動かすだけのエネルギーがない」と結論づけるのは大きなまちがいだろう。

そもそも〈若者の政治〉が体制秩序を動揺させ政治変動の引き金となるような歴史状況は例外的と言える*から、そのことを無視して若者の運動は社会全体へのインパクトを持たないと断じても意味はない。

*若者の保守化言説が前提にしている七〇年前後の学生運動も、体制を揺るがしたわけではない。

問うべきなのは、〈若者の政治〉を活性化させる社会状況が広がっているにもかかわらず、若年層全体の政治意識・行動がそれにふさわしい広がりをみせないのはなぜなのか、また、〈若者の政治〉が社会全体に影響を及ぼすインパクトを持ちにくいのはなぜか、という点である。

二つの問いは密接に関係するが、社会を動かしているか否かという後者の尺度でのみ、〈若者の政治〉を評価するのは適切ではない。若者の行動は社会にインパクトを与えるはずという思いこみは捨てなければならない。

では、前章で述べた行動する民主主義の可能性は、なぜ十分に発揮できないのか。最初にたしかめたいのは、日本社会では政治的行動・発言はもちろん、社会に対しものを言うこと、すなわち異議申立を行うことが、若者に限らず、誰にとってもきわめて困難だという事実である。

「ものを言い合って問題にとりくむ」よりも権威の力に頼る戦後日本の保守政治が、異議申立困難な土壌を育んできたのはあきらかだが、九〇年代後半からの強権政治への移行は、より広く深く、もの言うことが難しい社会を生み出してきた。

現在の日本社会で、ものを言わせない秩序は「上から」と「下から」の二通りの仕方でつくられ、かつ両者が補完しあって、異議申立の場と実行とを押しつぶしている。「上から」とは、言うまでもなく、政治権力を用いての統制である。法制度の悪用・濫用*、脱法的統制、権力者による「口先介入」(防衛省への名簿提出を市町村に促す安倍発言は近年の一例)や恫喝的行政運営(橋下元大阪市長が職員、労働組合に対して行った思想調査等)、もの言うことを萎縮させ妨げる種々の公的圧力(たとえば、いわゆる9条俳句の掲載拒否)等々、統制の具体的なあり方と特徴についての検討が必要だが、ここでは触れえない。明らかなのは、どんな話題についてであれ、権力的な秩序や権力者の意向に反して、社会に顔(実名)をさらし発言し行動することの難しさが強まっているということだ。

＊ゴーン日産元会長の長期拘留が人質司法として議論を呼んだが、社会・労働運動の分野で長期拘留による弾圧は枚挙に事欠かない。倉敷民商の事務職員に対する一年に及ぶ拘留等々、世間の眼の及ばぬところでの司法の悪用は数多い。

こうした上からの統制は、現在の社会秩序に対する抗議や異論を「草の根」レベルで封殺する「下からの統制」を励まし活発化させている。「下からの統制」とは、いわゆる嫌韓、嫌中を掲げる極右排外主義者のヘイト活動を指すだけではない。生活保護受給者へのバッシングや少数派と目される集団への敵視と非難をはじめ、社会的話題に祭り上げられた出来事・事件の当事者にたいする非難、中傷にいたるまで、集中的な攻撃が浴びせられる例は数多い。下からの統制とはこうした事態を指している。

「下からの統制」は、公的に権力を振るいにくい場合でも、対象とする個人や集団に、よりむきだしで効果的な攻撃を加えることができる。しかも攻撃を加えるのは、いわば社会的右派と呼べるような匿名の層であることが多い。ヘイトスピーチ規制が成立したとはいえ、匿名を隠れ蓑にした攻撃を封じこめるには不十分である。暴力的な非難・中傷にさらされる危険を覚悟しなければならないと思うと、社会に対し「もの言うこと」に強い抑止力がかかる。そうした非難・中傷、ハラスメントに権力秩序が寛容であり、助長さえしている現実＊があるから、異議申立の行動が萎縮させられるのはなおさらである。

*たとえば、女性記者への財務次官のセクハラ発言をめぐる当局、政権指導部の一連の対応、収拾策がそうだ。

若者たちがこれらの統制から自由だと想像するのはまちがいである。事実は逆で、若年であるがゆえに社会人として振る舞うことが困難であり、大人よりもずっと「ものを言いにくい」環境におかれている。

SEALDsなどに集まった大学生の行動から、大学生は身軽で行動しやすい存在だと結論づけてはいけない。彼ら彼女らのスピーチに繰り返し出てくるように、生活に追われ講義に出席するのさえ精一杯の現実がある。学費や生活費を稼ぐためのアルバイトに追われる学生は、一面では現役の労働者であり、英語で言えばパート・タイム・ステューデントにほかならない。そんな彼らを、「大学生は自由で身軽なのだから行動できるはず」とみるのは、ほとんど言いがかりに近い。

もちろん、それでも言いたいことはきっとあるだろう。身近に、気軽に「もの言う」環境と機会とが保障されているならば。だが、そんな環境は、現在の日本社会ではあまりに貧弱ではないだろうか。たとえば、大学構内での立て看板規制はいまや当たり前のように見受けられるし、ビラの届け出制さえ存在する。

自治があると言われる大学という場でさえそんなありさまだから、高校生までの学校生活での「もの言う」環境と機会とはもっと制限されている。第一次安倍政権による教育基本法の改定以降、学校教育に対する政府、教育行政当局、自治体首長等による学校教育への直接的介入が強められてきた。くわしく触れる余裕はないが、学校運営、学級運営など、教育を進める体制はもちろん、教育活動へのきびしい管理・統制が行われ、教員の自主性や教育現場の自由によって支えられる教育の自律が損なわれてゆく。そしてこの結果、日常生活にまで立ち入った子どもたちへの統制が広がる。思わず耳を疑うような強圧的で陰惨な手法が学校生活の場に入り込んできたのである。

このような統制の効果は、「ルールを守れ」、つまり、「権力者がつくりだす秩序にしたがって考え行動せよ」という要求を子どもたちが自然のこととして守る点にある。つまり、学校での生活は、全体として、政治的主体となることを保障する陶冶をいちいち否定してゆく。「いちいち」とはどういうことか。政治的陶冶の成果が発揮されるべき社会生活のさまざまな場面で、逆の圧力、「自分勝手な言い分を出すな、秩序に従え」という要求が、陰に陽に、「自分はそう思えない、そうじゃない、ちがうと思う……」といった当事者感覚（政治的主体として場をひらく出発点だ）を押さえつけるという意味である。

「ルール（マナー、「お約束」、常識はては「空気」にいたるまで、核心をなす規範的機能がルールと同様の言葉は数多い）を守る」という要求の「ルール」には、社会の支配的秩序にたいする違和感や異論の表明を抑える強いはたらきがある。そうした「ルール」のはたらきが政治権力によって上から押しつけられると、「ルールを守らない」行動や主張を見つけ出し攻撃する相互監視の視線が現れるようにもなる。異議申立を始めた若者たちに対し、「自分たちの秩序を乱す勝手なヤツ」という視線が向けられるのはその一例だ。
誰がどのようにつくり、どのように機能するルールなのかを問わせず、ルールの遵守を内面化させる教育の具体的すがたは教科とされた道徳の内容に鮮明に示されている。その内容についてここで敷衍することはできないが、高校での新教科「公共」にいたるまで、いまある秩序に異を唱えない心性の教育（内面にまで踏みこんで、「主体的に」体制秩序の維持を実行させる教育）が政治的陶冶の中心に位置づけられようとしている*。

*有無を言わせずルールに従わせる「指導」が強硬に追求され始めるのは二〇〇五年辺りからである。米国でのゼロトレランス（青少年処遇の厳罰主義）が評価（文科省児童生徒課長坪田眞明「ゼロトレランス方式について」文科省初等中等教育局児童生徒課『生徒指導メールマガジン』第一六号、二〇〇六年一月）され、導入され始める。国立教育政策研究所生徒指導研究センター報告書「生徒指導体制の在り方についての調査研究―規範意識の醸成を目指して―」（二〇〇六年五月）を承け、坪田眞明文科省児童生徒課長名での通知「児童生徒の規範意識の醸成に向けた生徒指導の充実について」が出され、規範意識醸成の具体的実行が求められた。小中校のみならず幼児教育までもが都道府県での規範意識醸成プログラムに組みこまれてゆく。教科道徳の徳目がこの指導（押しつけ）の延長線上にあることは言うまでもない。無条件に従うべきものとして「ルール」が絶対化されるのは不思議ではない。

教育を受ける少年少女が、全体的には、それに違和感を抱いても異議申し立てのできない状況にあることに注意して欲しい。学校の外でも、警察庁が主導して各地の自治体が作成した青少年条例が、若者に対する統制の機能を色濃く持っていることに注意しよう。反社会的というレッテルを貼ってしまえば、ルールを守らない若者の憤懣も恨み辛みも種々の事情も、みな本人の責任にできるし、無視してかまわない。

まとめて言えば、意見表明権も選挙権も、それらを社会的な力として行使する条件や環境が系統的に無力にさせられている。にもかかわらず、ものが言えない位置におかれているがゆえに、若年層のそうした政治的疎外は無視されやすい。「政治的に正しい」振る舞いや意思表明の環境・条件をそうやって奪いながら、「政治的関心が薄い」と嘆いたところで若者には偽善としか映らないはずだ。

そういう偽善にはっきりと異議を唱えるAEQUITASメンバーのスピーチをこの節の最後に紹介しておこう。「今を変えさせない」ための言い訳を打ち砕いて自らの意思をつたえること、その正当性を端的に示すこの訴えに社会はどう応えているだろうか。

「私よりかわいそうな人がいたら何なんですか? 昔に比べればマシですか? それであなたは幸せになれるんですか? あなたの大切な誰かは、何かは救えるんですか? 不幸比べも我慢大会も、もういいかげん終わりにしませんか? もう十分だろ、おかしいことはおかしいって言っていいだろう? お握りが食べたいって言って餓死する人のいる社会が、過労死するまで働くか、自殺するしかない社会が、仕方ないわけないだろう！　人が死んで電車が止まって、舌打ちするだけのくせに、仕方ないなんて、簡単に言わないでよ！」「当たり前のことを当たり前にできない人間は、黙んなきゃいけないのか。私はそうは思わない。こういうヤツもいるって言っていかなきゃ、私の普通は社会のどこにもなくなるから。だから生きなきゃいけない。自分はこんなに頑張ってるのに、なんて言うくらいなら、相手におんなじ努力を求めるくらいなら、みんなそんなに頑張んなくったっていいんだよ。私のように、甘えてる怠けてるって言われてきた誰かが、当たり前に生きられる社会にするために、外で寝なきゃいけない人が、家から出られない人が、一人でも楽になるように」

（AEQUITAS「第2回上げろ最低賃金デモ」二〇一五年一二月一三日、aequitas1500）

私たちの社会では、おかしい事をおかしいと言ってもよいことになっている。言論の自由があり、民主主義社会なのだから。

ところが、「おかしい」と言いにくい現実もまた強固にある。「言いにくい」という生ぬるい表現では足りぬほど、「黙っていろ」圧力は強大だ。アルバイトでも有給休暇が取れると知った若者がバイト先に「有休下さい」と話し、「ウチはそういうのないから」とあっさり無視されるような例はいくらでもある。一〇〇％違法な「ルール」がまかり通っているのだ。そんな現実が当たり前のところで、子どもだって意見を表明する権利（「子どもの権利条約」）がある、一八歳になれば高校生でも選挙権がある、民主主義の国だから自由にものを言ってよい等々と教えられたなら、そう教えられた権利や民主主義について、若者たちはどう考えるだろうか？

「あなたは自分の意見を言える」「自分の意見を述べてごらん」――いくらそう教えられても、理念の上でそのように保障されていることが現実にはまったくできないと思い知るにちがいない。権利とか民主主義とか、みな言葉だけで現実の前では無力だと学ぶだけではないのか。前章で触れたように、政治にかかわることの有効性感覚は、日本の若者の場合、他国とくらべ、とても低い。その現実を無視して社会・政治参加の理念をつたえるだけでは、かえってその理念が無力であることを確信させてしまいかねない。

一八歳選挙権の実施にたいし、当の若年層からの反対が少なからずあったことを思い出して欲しい。それも政治的関心の不足と受けとってしまいそうだが、ちがうと思う。いくら理念を唱え、権利を保障すると言われたところで、そういう保障で社会を実効的に動かせるなんて思えないというリアルな認識がひそんでいそうだからだ。

「政治を正しく理解できる力を付けさせず、教育もなしで選挙権だけ与えても意味はない」という主張（少年少女たちの間にある有力な意見だ）は、理念や権利をタテマエとしてつたえる政治的陶冶の欠陥を鋭く言い当てている。なぜなら、この主張の核心は、自分たちが社会的・政治的影響力を持てるだけの具体的で実践的な枠組みや手法を保障しろという点にあり、日本ではそういう保障はまったくないと暗に述べているからである。

権利がある、民主主義社会だから自由にものが言えるという公式の理念をつたえるだけでは、〈若者の政治〉が育つ環境も機会も保障していることにはならない。もちろん、理念や制度があれば〈若者の政治〉が生まれるという自動的な関係など存在しないだろう。社会運動も政治運動も、それをになう人々が自前でつくりだすことなく、制度や機会保障を与えれば必ず出現するものではない。そして、制度や機会保障が貧弱なところでも、やむにやまれぬ事情が運動を出現させる例ももちろんある。重要なのは、若者が社会や政治に対する自分の意見・意思を持ち、それを表明できることを支える制度環境・機会保障とはどのようなものか具体的に示し、それらを実際に整えることである。

政治に近づかぬよう若者を飼いならす

「おかしいと思ったらそう言ってよい」社会のはずなのに、それはタテマエにすぎない。日常生活の場で政治の話はタブー、あえて話題にすればまちがいなく引かれてしまう――それが若者の常識というものだろう。政治を話題にしてはいけないというルールがあるわけではない。けれど話題にはできない。「ちょっと自分の趣味なんで……」と言い訳した上で社会問題、政治問題に触れたとしても、変人扱いされる危険は避けられない。

そもそも、話題にするのはまずいとされる「政治」とは何のことを指しているのかも曖昧なのに、触れてはいけない領域はどうしてわかるのか？　これはまずいという境界線は誰が引いているのか？

それもわからぬままに、「政治的なこと」という「接近危険地帯」が若者たちのつきあいの中にひそんでいるのではないか。そうだとすると、この漠然とした危険地帯は誰によってどのように設定されているのだろうか。

「政治的なこと」に近づき話題にするのを抑える力は、制度や法律にも増して、社会文化的なはたらきにある。「危険地帯」に接近させぬような文化が若者たちの日常世界に根を張っているということだ。

前章では〈若者の政治〉を育むのに役立つ多様な文化資源について述べた。若者文化全体を非政治的と非難するのはまちがいだ。しかし、〈若者の政治〉につながる文化資源が膨大な若者文化に埋もれ、まとまったかたちで意識されにくい現実は否定できないだろう。そしてそれは、若年層が親しむ文化が消費文化という大きな枠に囲いこまれてきたことと関係している。

つまり、若者たちにとって基礎的な生育環境である消費文化世界をつらぬく非政治性にこそ眼を向けねばならない。

「政治の話はタブー」という「ばかげた常識」は、消費文化全体にしみわたる暗黙の約束事であった。そうした約束事がかもし出す雰囲気は、時にはあからさまな圧力にもなって、若者たちの生活実感にひそむ社会的関心の発露を抑え、社会・政治問題の舞台へと、その関心を具体化させにくくしてきた。若者を政治の場から遠ざける消費文化の作用を見逃してはならない。

若者の生活世界から政治を奪うという点で、消費文化は、実のところ、強力な政治性を帯びている。すなわち、「政治なんて関係ない」という感覚——この感覚は、前節でみたように、若者の社会参画を押さえこむ秩序の下で育てられる——を文化的に固定化するはたらきが消費文化にはある。「普通に」過ごしていると政治なんかとまったく無縁なはずだから、あえて政治問題を話題にするのは「特殊な世界」の「特殊な人々」だという「常識」を染みわたらせるのである。

大多数の若者は政治と無縁に生きているという認識——それは、政治的に生きる次元を若者が奪われてきたことの倒錯した認知なのだが——は、「その証拠に、若者が好むのは政治とは無縁の文化ではないか」という主張によって強固に支えられている。消費文化の世界での流行、人気は、若者の関心、嗜好にそって生まれる。消費文化が供給する大半の作品、商品が政治と無縁なのは、だから、若者の政治的無関心を反映しているだけなのだ、というわけである。

所詮、文化は大衆の好み（嗜好・テイスト）にあわせてつくられているにすぎないという、一種の弁解ともいえるこの主張は、大衆文化（マス・カルチャー）が登場して以来くり返されてきた。しかし、時々の文化が人々の意識を映し出すことは事実だとしても、人々の嗜好を社会的に編み上げるしくみ（テイスト・ストラクチャー）は、大衆的な意識の単なる反映ではない。そのしくみ自体が政治的機能を果たしているからだ。

消費文化がかたちづくるテイスト・ストラクチャーのそうした政治性を解き明かす作業は、日本の場合とりわけ重要*だが、ここでは、「若者の嗜好を反映する若者文化は政治と無縁」という「常識」が映し出すテイスト・ストラクチャーの政治性を簡潔に整理するだけにとどめる。

*拙著『「問題」としての青少年』(大月書店、二〇一二)でそうした作業を試みている。

消費文化がつくりだすテイスト・ストラクチャーは、若者の文化的アクションを、総じて、政治的に無力化する。

前に触れた、若者文化の諸作品が持つ多様な政治的ポテンシャルは、たとえそれらの作品が人気を博していたとしても、その政治的含意を十分に発揮させられるだけの環境・機会を得られなかった。政治的モチーフ・トピック、社会的・政治的関心の吐露は、それがどれだけ際だっていても、作品に加えられた「社会派」的な味付けくらいにしか位置づけられず、評価もされ難い。政治的な主題や主張のストレートな表出、パフォーマンスは、キャラの特性等々の、受け入れやすい特徴にずらされ、角が立たぬように丸めこまれる。何を言おうが、「マジ」に受けとるべきことではなくネタのレベルに変換されるのである。

特定の人間が意図的に誘導しなくても、「何が関心事なのか」に焦点を合わせる場面から政治的関心事がきれいに拭い去られてしまう――これが、消費文化のテイスト・ストラクチャー、構造の力である。

こうした「操作」が支配的な場所で、「私は政治的なメッセージをこめているのだ」と主張するのは難しい。あえて政治を語る「変人」のように思われることを覚悟しなければならないからだ。あるいは、「社会常識」があれば黙っているはずの話題を持ち出して平気でいられる「天然」発言として処理されてしまう。どちらの場合も、ものは言えるけれど、その内容はまともに受けとられることがない。

話題に上ったことがらの政治性に焦点を合わせない受けとめ方が当たり前になると、それでも社会問題や政治問題を話題にする人間や場は、「社会常識」の通じない存在として無視される。無視できぬだけの「音量」(主張をつたえる手段や手法)で主張を続けられる者に対しては、今度は、何か特権的な力を振るっているからそれが可能なのだという判断が下される。「普通の人間」にはそんなことはできないという皮肉のこめられた判断である。

例えば、普通のこととして政治・社会問題を語る者に投げつけられる意識高い系という言葉は、そんな判断の典型だ。

ここでの意識高い系とは、「自分たちは意識が高いから社会問題や政治問題に関心を持てるし話もできる」と自信を持ち、意識の低い無関心な若者にたいする優越感を言外にぷんぷん匂わせるエリート感覚の持ち主といった意味合いである。〈若者の政治〉を無力化する上で、この言葉はとても効果的だ。「意識高い系だね」と言われたら、「そんなことないよ」と返さなければまずい。そう思わせる強い規制力が、この言葉にはある。

意識高い系の人たちはウチら、政治や社会のことなど何も知らない人間とはちがう、恵まれた存在で、だから平気で「この社会はおかしい」なんて言えてしまえる――この感覚には、ものが言えない現実があるのだという強固な根がある。その現実を一人でやすやすと突破しているようにみえる存在を、わが身に引き比べ、うさん臭く感じる。

しかし、「もの言う人」がやすやすともの言えぬ現実を突破しているという印象は誤解だろう。「こんなことを話題にしたら引かれる」と覚悟しながら、それでも話すことの葛藤や恐怖を思いやらずに、発言したという結果だけをみて、「ウチらとちがう」と判断はできないからだ。「もの言う人」のすがたから引き出される課題は、「なぜ、誰もがそうやって社会にたいし思うこと、望むことを言えないのか、どうすればもの言える社会がつくれるのか」ということのはずである。

この視点が抜けると、ものが言えない現実が、単に「現実がそうだ」という判断にとどまらず、「それが当たり前」として肯定されてしまう。「ものが言えない自分たち」――そういう現実はたしかにある――を、そうやって、現実にたいする価値判断の基準にすることで、ものが言えない状態、その状態をつくり出している社会や政治が正当化される。

以上から、意識高い系と揶揄されるのを覚悟し、それでも「もの言う」ことの難しさがわかるだろう。社会的発言も政治的発言も、そう感じさせずに中味をつたえる「奴隷の言葉」を駆使しなければつたわりにくい。「奴隷の言葉」を操る力は、それはそれで、「政治に近づくな」という社会的・文化的圧力をかいくぐり、一人ひとりがぶつかり感じている社会の矛盾や問題を共有するための重要な手段ではある。若者たちの政治的・社会的スピーチが、自分を特別な存在（意識高い系等）と分類させないための配慮に満ちていたこと、若者向け文化作品で、面白いラブコメのストーリーでありながら、そこに社会的主題が潜んでいること等々、「奴隷の言葉」の地下茎はもの言えぬ現実をつねに侵食している。

もちろん、「奴隷の言葉」をそうやって磨いても、「ものが言えない」現実という強固な根をくつがえすのは困難だ。「別に政治的なことを言うつもりはないけれど……」という枕詞をつけて社会や政治を何とか問題にしようとする苦心は、それはそれで貴重にはちがいないけれど、「政治的なこと」を正面から取り上げ問題にする場を、生活の場とは別のところに隔離せざるをえない。政治や社会についてものを言う特別な場、ものを言える特別な存在――権力を後ろ盾にして発言できるエリート――を自分たちの世界に引きずり下ろし、どんなことがらも対等な立場で考えあえるよう、政治のかたちを変えることは困難なのである。

こう考えるなら、行動する民主主義とは、もっと自由に、ストレートに「政治に近づく」ために必要な考え方や技法の総称と言えるだろう。がんばって発言すると意識高い系とからかわれる雰囲気の下で、誰もが普通に「政治に近づく」ためには、外に向かってものを言うどころではない、どんなに苦しいことも自分の中に閉じこめ、じっと耐えるしかない――そんな状況をくつがえさなければならない。

では、「じっと耐えるしかない」状態とはそもそもどんなメカニズムで成り立つのか。外からみて、「がまんするのはおかしい」「どうして黙っていられるの」とはっきりわかる苦痛や困難を平気で耐え抜いているようにみえる状態——そういう感覚を普通にしている社会状態——はなぜ生まれるのか。

この問いは、今の日本社会で生活上の深刻な困難にぶつかっている人々すべてに共通するものだが、さまざまな生きづらさに直面している若者たちについて、とりわけ、切実で重大な問題である。たとえば、二〇代の若者では、過労死関係の労災請求で、過労自殺の件数がきわだって増加していることが知られる。一〇代前半の少年少女の死因の最多は自殺(九九人、二〇一七年)である。そこには、ぎりぎりまで追い詰められながら、それでも黙っている若者たちのすがたが垣間見られるだろう。

「ものを言う」、つまり、一人ひとりがぶつかっている問題を外に、社会に向けて投げかける行為を抑えつけ、個人の内側に抱えこませるこのメカニズムが強力なのは一体なぜか。

IV

不満や要求を抑えこませる自己責任感覚

「自分が悪いんだってよくわかっている」――自己責任感覚のはたらき方

どれだけ強く周到に社会の片隅に押し込められ、心の中に閉じ込められようと、若者たちが抱える現実の困難も意識・感情の苦しさもそれでなくなるわけではない。

では、おかしいと思うことをおかしいとストレートに言えず、苦しいことを苦しいと告げられない状態*におかれたとき、自分の辛さ・苦しさをどうすればよいのか。

*「本当に辛いことは誰も話さない」という子どもが増えていること、生存ぎりぎりの生活に追いめられても他者の助けを求めようとしない若者を想起されたい。深い困難に陥った者ほど深い沈黙を強いられることは、自己責任イデオロギーが行き渡る社会の特徴である。NHKクローズアップ現代取材班『助けてと言えない―いま30代に何が』(文藝春秋二〇一〇)がつたえる三〇代のすがたは、若年層が子ども時代からおかれてきた、助けてと言わせない環境の集大成と言えそうだ。

「おかしい」「苦しい」……と感じてしまったとたんに出現するのは、出口の見えないこの難問である。

「おかしいと言って何が悪い」という感覚は、それを言ってしまえば社会(現在の秩序を変えようとせずルールの遵守を強いる社会)から非難され見捨てられるしかない。どれだけ異様な社会であれ、そこから排除されると生きる場所そのものがなくなると思うと、この葛藤――正確には社会から押しつけられ「自分の葛藤・苦しみ」として一人ひとりの人生に植えつけられた矛盾――は、逃れられず解決できない壁のように立ちはだかる。

いじめを受け続けながらいじめのある世界を離れることができない極限的状況を想像すれば、この、身動きの取れない苦境を少しは想像できるだろう。「逃げてもいいのだ」とは、いじめられている少年少女たちに呼びかける支援の言葉だが、そこが生きる場であるかぎり、簡単には「逃げられない」こと、逃げられないと思い知っていることが問題なのだ。「学校にいるときは逃げられても、社会に出ればそうはいかないぞ」という暗黙のまなざしが支配するこの社会をわかっているからこそ、追い詰められても逃げられない状態が動かせない現実だと思うのである。

仕事が あるだけ 有難いと 思えってのか
家があるだけ 恵まれてる って!?
散っ々 言われて 来てんだよ
「もっと 不幸な人間 いっぱい いるんだから」 って!!
知らねぇよ!!!
これは 俺の苦しみだ 俺の持ち物だ!
持ってねぇ奴が ごちゃごちゃ うるせぇよ!!
佐々木ミノル『中卒労働者から始める高校生活 2』日本文芸社、2014

おかしいことをおかしいと言い、苦しければ苦しいと訴えられる状況（社会のあり方）と沈黙を強いる状況とは、そのようにせめぎ合っている。そのせめぎ合いの様相について眼を凝らしてみないことには、「言うことを聞かせる」民主主義に向かう出口は見つからないだろう。

「この国は黙っていたら、弱者が一番初めに切られていく社会なのだ」というスピーチを想い起こそう。貧困だけでなく、日々の生活で「つらい」「死にたい」と感じ、そうつぶやく若者は膨大に存在する。社会的引きこもりのように社会の側が容易に聞きとることのできない「声」（沈黙）は置き去りにされたままだ。沈黙に押しこめられる、すなわち、社会から排除されるさまざまな状況——存在していること自体が抹殺される状態（無戸籍、居所不明……）から、社会生活上でシカトされることまで——を体験させられる現実が当たり前のようにある。たとえば、以下のような語りは特殊な例と言えるだろうか。

「今も死にたい。今すぐとかじゃないケド　チャンスがあればいつでも　逝きたい理由は重なり過ぎて　重すぎて　口に出すのが怖い。

自分の生き方　考え方は正直甘い。ワガママの上で生きていて　変にプライドみたいなのがあって　口ばかり　マイナスな考えばかり頭によぎって、でもはりきりすぎて失敗する…　これの繰り返しだった気がする　確かな目標が有るわけでもなく　明日生きてる理由、意味、生きたい気持ちがないままズルズルときて、ダラシナイ　それならいっそう…って思う

人生にしてきた　なったではなくしてきた。意図的ではナイケド　なったは　誰かに責任押しつけてるみたいで　嫌だから　あえて…　ガキな考え方だけど　あたしには　有りな生き方だった。切りのイイところで終わらした方がいいのかなぁって」

（ロブ＠大月編著『自殺するな！生きろ！』彩流社二〇〇六、三〇頁）

このように苦しい個別の事情があること、苦しみを引き受ける仕方が、ある場合には精神疾患のかたちを取り別の場合には社会退出の激烈な行動となる……といったちがいのあることを認めよう。その上で、困難や苦しさにぶつかりそれらを引き受けるしかない状況が、特別でも例外的でもない点を確認したい。社会的引きこもり傾向にかんする推計が親和群をふくめると二〇〇万人を超えること（内閣府政策統括官「ひきこもりに関する実態調査」二〇一〇年七月、引きこもり六九・六万、引きこもり親和群一五五万）はこれを裏付ける一例だ。いわゆる座間事件をきっかけに注目を浴びた、「死にたい」とつぶやく青少年の存在も、推計できぬものの、おそらく一〇〇万のオーダーにあると想像する*。

*自殺にかんする初の大規模調査、「日本財団自殺意識調査」（二〇一七）では、「本気で自殺したいと考えたことのある」二〇代は三四・九％に達する。女性では三七・九％という高い割合であり、ここからみても、「死にたい」とつぶやく膨大な青少年が存在することを推測できよう。「死にたい」とつぶやくこと、そう感じた経験があることの方が普通だとさえ言えるかもしれない。

よく知られているように、孤立感を味わいながら生きる若者の比率は他国とくらべきわだって高い*。こうした意識調査が示唆するのは、若者の社会的孤立が日本社会で広範囲に及んでいる状況だろう。いまこの社会に身をおいていることが苦しい、辛いという感覚のすそ野は若者たち全体に及んでいると言っても過言ではないだろう。

*前掲内閣府調査「我が国と諸外国の若者の意識に関する調査」（二〇一三）で、直近一週間の心の状態に関する設問の回答をみると、「悲しいと感じたことがあった」七二・八％、「ゆううつだと感じたことがあった」七七・九％、「一人ぼっちで寂しいと感じたことがあった」五四・九％、「つまらない、やる気が出ないと感じたことがあった」七六・九％と高率である。比較された英、米、独、仏、韓国、スゥエーデン六ヶ国中、それぞれの項目の最低値は、項目順に独四二・八％、独三六・九％、独二七・一％、仏四四・四％であり、欧米各国はほぼ同傾向、「一人ぼっち」項目だけ韓国が日本より高い（六一・五％）が、日本の若者の意識傾向が特異といえることがわかる。

これらを、若年層に特有の一過性の事態とみなすのは適切と思えない。「時が経てば解決する」という楽観論は、日本の若者がぶつかる困難の普遍性、少なからぬ若者が自傷や自死、「社会退出」の実行に出ている事実を過小評価している。

「生きるのがつらい、死にたい」という感情は、それを生み出す原因・背景はちがっていても、成長の過程で、日々の生活や仕事の場で、友だち同士の関係で、いたるところから湧きだしてくる。

そして、そう感じてしまう理由や原因をすぐに解決できる方策が見当たらず、慰めようにもそうできるだけの手がかりも見つからない——その苦しさは、当事者一人ひとりにとって、逃げ場のない極限状態がずっと続くかのように感じさせる。

　他人からは些細にみえる「入り口」からも、生きるのが辛いという感情は生まれ、解決できる当てのないままに、生きづらさの感覚は増幅してゆく。「ここで踏みとどまれる」という何らかの歯止めがわかれば良いが、身の周りにそんな歯止めがあるかどうかは、当人にとってみれば偶然でしかない。歯止めがなくても、自分で何とか折り合いをつけるしかない。

　しかし、辛い状態が深刻なほど、現実の困難が、自分ひとりではとても対処できぬほどにきびしければ、折り合いをつける余地はなくなるだろう。貧困や労働の困難が精神疾患をともない（「職場結合性うつ病」）、生活上の軋轢が家族間の不和、居所の不安定、さらには、それに付随する就業困難や性的搾取といった複合的困難として現れる——要するに、貧困と社会的排除と精神的困難とが一体となって人の生活全体を覆ってしまうと、踏みとどまれるような足場はまったく感じられない。

　ところが、そんな場合ですら、そうなってしまったのは自分のせいという納得の仕方がつきまとう。自分が直面している困難を抜け出すためには、それだけしっかりした足場、支えが要る。

　その支え（支援）を他人《ひと》から、社会から得ることは、自らのいたらなさを棚に上げた虫のいい願いのように感じられるのだ。

　自己責任のこの受容は、困難の度合いが強ければ強いほど、社会が用意する足場は弱く、届きにくいという現実によって補強される。たとえば、居所不明児の場合、存在することがわかっていても、「ここにいる」と特定できない。まるで死者に等しい扱いを受けているのである。生きることの困難を解消させようとする支援は、もちろん、意義ある足場づくりだが、発見可能で効果の見こめる対象者が結果的に優先されるという矛盾を孕《はら》んでいる。

踏みとどまれる足場を奪われた場所で生きる者は、こうした現実を体得しているからこそ、「もうダメ」と言わない。不用意に「助けて」などとは言えない。不安定就業の若年単身女性や介護離職を余儀なくされる若者、離婚を機に生活難に陥る若者……等々は、例外ではなく、誰でもそうなる可能性のある危機だ。生きることの立ちゆかない深刻な危機——経済的・社会的トラブルであれ、精神的トラブル・葛藤であれ、「そうなってはおしまい」と感じられる困難——にぶつかったとき、「もうダメ」とは言わない振る舞いが、当たり前のように発揮されるのである。

踏みとどまれる足場を社会が用意できるとは思えないというリアルな認識は、「それでも仕方ない」と思いきれるような断念のあり方を生み出す。「死にたい」というつぶやきはそうした断念の表現形なのだろう。それも自分のせいなのだから仕方ないと自分を納得させることで、「今」を生き延びようとする。

目立つこともなく、社会の片隅で淡々と表明される断念は、外からの支えがあまりにも貧しい現実とどうにか折り合いをつける方法であることに注意しよう。たとえば、以下のような語りに穏やかに表明された断念は、未来に期待を持たせようとする幻想に抗することで生きる足場を築くいとなみのように感じられる。

「自分で働かず楽をしたいっていうか、まぁパートには出ますけど。それか三五までには死にたいかなっていう。できても四〇までには死にたいなって。あんまり長生きしたくない。……未来が見えないっていうのもあるし、なんかあまり昔から長生きしたくない。長生きしてても、現実、なんかやっぱりお母さんが亡くなってから、昔から別にあったわけじゃないけど未来に期待してないっていうか、そんなにキラキラした未来を考えたことがなくて、やっぱりなんか現実的に考えて、冷めた考えになりましたね、昔より余計」

（杉田真衣『高卒女性の12年』大月書店二〇一五、四八頁）

しかし、同時に、自分が悪いのだから仕方ないという断念、自己責任の受容には、社会が用意すべき足場、踏みとどまれるストッパー（セーフティネット）を心理的に外してしまう作用がある。現実に生き続けることが困難な状態に陥っても、踏みとどまるための支えを求めることが難しい。「こんなに苦しいと感じてしまう自分の感じ方が、そもそも、自分のせいなのだ」——この身動きとれない葛藤によって、外部に支えを求める道が閉ざされるのである。

生きづらさの感覚がどれだけ浸透しているかをみてきた。つらさの内にはつらいことを外に漏らせない辛さもふくまれている。それでもなお、辛い、苦しいと表明するためには、そうしても非難されない何らかのエクスキューズ（申し開き）が不可欠だと感じられる。誰もがそう心に言い聞かせるならば、自分の苦しさだけを言い立てないつきあい方が広がってゆくだろう。

内心では辛いとみんなが感じているほど、それを言い出さないという暗黙の約束事がたがいの関係を縛るようになる。若者たちの平穏にみえるつきあいの底にも、そんな約束事の縛りがはたらいているようにみえる。

では、辛いと言えるためのエクスキューズはあるのだろうか。

「自分が悪いのだから、他人や社会を責めるつもりはない」という自己責任の表明がそれだ。「自分で勝手に言うだけだから重く受けとらないで」という「配慮」もそこにはにじませている。それでようやく「辛い」と表に出せるけれど、それはあくまで、「気にしなくてもよいこと」という枠内での「辛い」に過ぎない。その枠をはみ出す訴え——実際の「辛さ」をリアルにつたえる訴え——は、たちまち、思いこみの強すぎる「痛い」振る舞いと受けとられる。つまり、当事者を苦しめている困難が本人の病理であるかのように扱われる。

「私の辛さは大したことじゃない」という「認知のフレーム」をつくり、これを前提にたがいの関係を律する態度は、若者たちの社会（「ウチらのシャカイ」）に深く広く存在する。そこで、自己責任感覚の核心と言えそうなこのフレームが果たしている社会的機能、困難と困難を抱えた存在を社会から疎外してゆくメカニズムについて考えてみよう。

自己責任の認知フレーム——「弱者」を標的にする悪意

「死にたい」とつぶやく少年少女たちの存在が社会問題として認識され始めたことは事実である。しかし、彼ら彼女らの「死にたい」を病理とみなす受けとめ方にはどこか歪んだところがある。

死にたい辛さを引き受け確かめようとする行為（リストカット、オーバードーズ、引きこもり……）が、もっぱら、「病んでる」という「病理性」の次元で受けとめられる場合、そう扱われる者はどうするか。それが予測できるから、口まで出かかった「死にたい」は心中深く閉じ込められ、そう思ってしまう自分の「ふがいなさ」を自認するしかなくなる。

つまり、日々の生活で否応なく遭遇するどんな困難、葛藤も、とりあえず「自分のせいだから気にしないで」という「トリセツ」にもとづいて判断し評価する「認知のフレーム」がはたらく。このフレームがはたらいているかぎり、どんな状況におかれても、ダメだと思われぬよう努力し振舞う方向に自分を駆り立てるしかない。

ここから、「困っているの？」「大変でしょう？」などと問われたとき、若者が、即座に、「大丈夫です」と返答するわけがわかるだろう。「大丈夫です」という常套句は、この認知フレームの作用下でダメ認定を避ける万能の応答手段なのである。

こうして、「自分の苦しさを社会に訴えてもどうなるわけじゃない」と思い知らされる現実の下で、それでも何とかしよう、行動しなければと思うとき、それぞれの事情の中でどうやって踏ん張るか、一人ひとりが迫られる。

たとえば、正社員になるのは、限られた場所を争う椅子取りゲームの競争だから、がんばって正社員になれたら、「よくやったな自分」と思うのは自然だ。非正規の仕事に就くのは失敗だという「教育」(脅迫)も山のように行われているからなおさら、「がんばったぞ」という気持ちになる。その気持ちの真実性は疑いようがない。しかし、ここにはすでに、「自分が頑張ればいい」という認知のフレームがはたらいている。

「私がもっとがんばればいい、若いのだからやる気になればどうとでもなるはず」という自分に向けた圧力は、非正規で働く、望んだ学校に行けない……といった結果を「失敗」と感じさせ、「がんばりきれない自分がダメなんだ」と自分へのダメ出しを誘発するのだ。

若者たちの心に深く食いこむ自己責任の認知フレームは、このように、しっかりと日常感覚に根を張っている。非正規でも普通に働けば普通に暮らせる制度や環境があればそう思わなくてもすむはずなのに、「自分が努力したかどうか」だけをモノサシにして成功、失敗の判定を自分自身で下すようにしむけられる。

この結果、「ろくに努力もしないくせに社会に助けを求めるな、身勝手な要求をするな」という非難のまなざしは、いくら努力しても困難から抜け出せない者、そもそも「努力する」ことのできる資源・環境を奪われている者にたいして最も強力かつ効果的に作用する。「死にたい、消えたい」

を表明しあえる世界・場の発見がやっと安心できる「避難所」となってしまうのは、こうした非難のまなざしの存在がきわめて強力だからだ。

「ニート」、「メンヘラ」、「ドキュン」……といった、「残念な」あるいは「痛い」若者につけられるレッテルは、貧困や失業のような経済的苦境であれ、病やすがたかたち（ブサメン等々）、もろもろの性格であれ、すべて、「そう呼ばれても仕方ないと思わせる欠陥」を、その人の特徴（キャラ）として刻みつける。自分をダメな人間だと認める過程には、「お前（あいつ）はダメと思われて当然の存在なのだ」という隠された視線が必ず介在しているということだ。そうやって、「無能さ」の自認を社会的に確定し固定化するのである。

「いじめられても仕方ない者がいる」といういじめ認識はその典型だろう。いじめられるような関係、環境から逃げてもかまわない、負けじゃないという励ましは対処法として有効だけれど、悪くないはずのいじめられる側に負担をかぶせることは避けられない。

同様に、ブラック企業と知らずに就職した若者に罪はないといくら強調しても、被害者である若者がダメージを受けることは避けられない。「ブラック企業に入ってしまったらどうしよう」という不安は、危険を見分けられない自分の「ダメさ」を自認させられたくない恐怖と深く結びついている。

セクシャルハラスメントの被害者についても、被害を受ける側の苦痛が見過ごされ、時には社会によって増幅させられる現実がある。自己責任の認知フレームが作用している社会では、「あな

た の責任じゃない」という公式の認定は、慰藉とはなっても、被害を受け苦痛を被ることを当の個人に引き受けさせるそうした状況を覆せないのである。

自己責任の認知フレームを活かし続けているのは、こうした社会の現実にほかならない。自己責任イデオロギーは、弱者の位置におかれた存在を「正当に」無視してもかまわないという保証を「弱者」でないと思う者に与えることで、排除されていない側に自分がいるという境界設定＝他者（差別）化の機能を果たす。「弱者」とみなされる者が自分の「ダメさ」を認める場合にだけ、つまり恭順の意を表す場合にだけ、同情を寄せられる資格をえる。「ダメな自分」を受容することと、「お前はダメな存在だ」という社会的視線が結びついているとはそういうことだ。「この国は黙っていたら、弱者が一番初めに切られていく社会なのだ」というスピーチをもう一度想い起こそう。安保法制に反対して国会前に集まった若者のスピーチでも、その現実は繰り返し訴えられた。

「今は私を支えてくれる女の子達がいて。でも、彼女達は、彼女のうちの一人は、例えば、家に帰っても、ご飯が出ないんです。それは、お母さんがどこかへ行ってしまって、お父さんも仕事に夢中で、冷蔵庫に何もなくって、調理器具もなくって、その子も料理の作り方知らんくって、いつもお菓子ばっかり食べてて、コンビニで売ってる最新のお菓子とかいつも教えてくれて。……（中略）……その子がただ明日何食べていくかとか、親に愛されたいとか、そんなこと思っている間に、その子に一番関係する法案が、こんな無茶苦茶な形で通ってて」

（二〇一五年九月一九日・SEALDsメンバー国会前スピーチ、ＩＷＪ配信）

「経済的徴兵制」という耳慣れない言葉が実感をともなって流布していったのも、このように語られる現実が意識され始めたからだろう。しかし、自己責任の認知フレームが強力だと、「見過ごさないで」と訴えることには大きな勇気が要る。「自分のダメさ」を自覚せずにいる者への排除感覚が当たり前の雰囲気となっている社会では、このように表明する者もまた、自分たちへの非難、攻撃を覚悟せざるをえない状況におかれるからだ。見過ごせない困難、被害を社会に向けて発信しようとすると、すぐさま、個人では対処できぬほど激烈で集中的な悪意にさらされるのである。

この悪意が厄介なのは、悪意を向ける者のすがたが見えないからでもある。匿名のバッシングを可能にするネット社会の特性は、「黙れ」という社会的圧力を増幅させ、肌に感じられる暴力にまで具体化させた。「自分がいたらないので申し訳ない」というフレームを無視していると判断されたとたん、たちまち「社会全体」の悪意が降りかかる社会に私たちは生きている。

自己責任の認知フレームに敏感であれという、そうした社会的圧力を若者たちはよく知っている。「社会は善良ではなく悪意に満ちている」という社会像が、自らの体験や見聞をつうじて、確固としたリアリティを獲得しているのである。したがって、悪意を向けられる対象が「弱者」なのだから、そうでないポジションを得られればよいと思うのは当然だろう。「頑張っているところを見せれば責めたりしないよ」という暗黙の約束に従っていることを見せればよい――それが、この社会のデフォルトとしてある悪意をやり過ごす対処法だと体感している。

しかし、よく考えると、「無能じゃない」と証明するためにいつも気を張って振る舞う日常は、ちょっと油断すれば「お前はダメだ」と言われてしまう危険が待ち構えている日常ではないのか。上司や先輩、部活の監督等々のように上下関係の上位にいる者から「お前は無能だ」と罵倒され貶められる場合には、この構造はわかりやすい。もちろん、わかりやすいからと言って無能宣告が与える精神的打撃の深刻さは減るわけではない。社会的に下位におかれる若年層の成長過程が、そうしたパワハラ土壌に浸されていることは、スキャンダルとして報じられる数々の事件からうかがい知ることができる。

さらに注意すべきは、はっきりした上下関係が見えないところでも、「無能宣告」が下されることだ。悪意が向けられ無能認定が下される対象は、社会的弱者という言葉で想像される範囲よりもはるかに広い。「メンヘル」「コミュ障」等々の使用法が示すように、若年層の間では、「欠陥」とみなし排除感覚が作用する対象は広範で、ほとんどどのような言動、性格にたいしても、「だからあいつはダメなんだ」というレッテルを貼ることができる*。

*「勉強ができる」ことが、時に忌避の対象、いじめの標的になる等、無能認定の対象範囲が普通に考えられる能力主義のそれより広い点にも留意しておこう。「強キャラ」「弱キャラ」「モブキャラ」……といったキャラ間のパワーゲームを扱う物語には、この状況がよく反映されている。

人間性のあらゆる要素がそうした排除感覚の作用を免れない。それはつまり、貧困、疾病といった特定の社会的特徴だけでなく、誰のどんな「特徴」であれ、状況次第で、排除のまなざしにさらされる危険性があることを意味する。

このように、誰もが、多かれ少なかれ、「ダメなヤツ」として忌避される危険を抱えており、そう感じていること――それは、若者の社会的孤立にみられる日本的な特徴と言えるだろう。普通に過ごし成長していると考えられる若者たちが経験し感じてもいる排除の領域が広がっていること――社会的孤立のこの意味での全般性は、国際的に特異というべき孤立感の広がりや自尊感情の低さに如実に反映されている。

いつダメと宣告され責められるかもしれない不安を育てる排除作用の遍在は、「弱者」であることがはっきりとわかる存在への激しい攻撃を心理的に正当化し、各人がぶつかる困難を社会に見えるようにする回路を塞いでいる。

「いい人」つながりのフィクション――悪意と裏合わせの善意

悪意がどこから降ってくるかわからない世界では、互いに「いい人だぁー」と確かめあえるような関係をどれだけ保てるか気にせざるをえない。「いい人」つながりをうまく見つけ強固にすれば孤立の危険を減らすことができると思うからだ。

上下関係がなく、大きな利害対立もない普通の人間関係（「平場の関係」）では、たがいに善意で接することはそう難しくないようにみえる。実際、善意で結ばれる庶民同士のつながりの多様で豊かなすがたは、現在の日本社会でもさまざまにつたえられる。「隣人」を潜在的な悪意の持ち主とみなす社会像とせめぎあいながら、他者への信頼に支えられた関係がつくる社会のあり方もまた、今日まで連綿と存続し続けてきた。だから、善意の絆を社会的リアリティとして受けとることはおかしいとは感じられない。

しかし、いつ無能宣告されるかわからない状況が一般化した社会で、「いい人」つながりを社会理解の出発点にすえることは、そうした善意の絆が現にあることの確認とはちがうように思う。どこがちがうのだろうか。

「いい人」同士の関係を出発点におくポジティブな態度・振る舞いは、リアルに存在し優勢でもある悪意の相互監視秩序を意識の上で遮断する試みである。「いい人」と互いに言い合える安心感はそうした遮断の上に成り立っているが、現にある悪意を排除することはできない。「知らない人に話しかけられても返事してはいけませんよ」と子どもに言い聞かせる大人の態度は、悪意を考慮せざるをえない社会的現実のわかりやすい例だ。

「いい人」として互いがかかわり合う善意の社会を出発点におく想定は、それだから、今日の社会的現実に照らすなら、色濃いフィクション性を帯びてしまう。「みんないい人」と信じて疑わず、これを判断基準として現実の関係を解釈し了解するやり方は、自分が肯定できる部分だけを取り出して世界を描く単純化に陥りかねない。

社会は「いい人」つながりでできていると信じられるのは心地よいにはちがいない。けれども、心地よさを追求するために、これに反する（と感じる）ことがらを排除し見ないでおくとすれば、そうした態度は、ポジティブ教と呼びたくなるような、悪い意味での宗教的幻想性を備えてしまうことになるだろう。

「目の向けどころを変えて心地よいつながりや場所だけを探そうよ」という肯定的態度の勧め――さしずめ草食系のポジティブ教というところか――ならば、あまりにもきびしい現実を離れていられるささやかな慰めの機能がある。一瞬たりとも緩みや慰藉を許さない厳格主義の振る舞い＊にたいするやわらかいクールダウンの意味も持っている。

＊たとえば、「世の中こんなにひどい、無視してはダメ」と訴え続ける態度は現実にそくしていても、しばしばこの厳格主義に映る。

だが、「汚いものを見せるな、ダメな社会と責めず、自分がどうするかだけを考えよう」という攻撃的なポジティブ教になると、その主張は、社会に訴え出る（文字通りの意味でも、社会にさらされるという意味でも）以外に困難や苦痛を解消する手段のない人々を視野外に追いやり、沈黙させる効果を持つ。この種の主張を、ブラック企業経営者やブラック士業の人々が声高にくり返していることは周知のとおりだ。

「いい人、いいこと」だけで成り立つ世界の想定は特権的なユートピアにすぎない。しかし、たとえ束の間でも、心地よいつながりや場所が欲しいと望む気持ちは、豪華客船で世界一周クルーズを楽しめるような富裕層の範囲にとどまらず、もっと広い層の間に広がっている。何も考えず楽にいられる場所と時間が欲しいという願いは、それがかなわない現実があるからこそ強まる。実生活の現実とそうした願いとは深く関係している。社会的困難・矛盾が深まる――前節でみたように、それは悪意のわが身に降りかかる世界として感じられる――ことと、そこから逃れられる「避難場所」の探索（その特徴をふくめて）とは切り離せないということである。

現代日本社会で進行したこのつながりを示唆する興味深い指摘をみておこう。

「癒し」や「癒し系」という言葉の普及が九〇年代末の日本社会の激しい変動と見事に照応しているのは、左の図からあきらかだろう。癒されたいという願望が広がるのは、就職氷河期が叫ばれ、働き方や人生への展望がバブル期までとはまったく様相を変えてしまった時期とぴったり重なる。言うまでもなく、九〇年代末からの社会変動は新自由主義構造改革によって引き起こされた。自殺者が三万人を超え、「勝ち組」「負け組」という言葉が現実味を帯びて流布する二一世紀初頭にかけ、癒されたい思いはつのり、自分を優しく包みこんでくれる「いい人たち」や「心地よい環境」を求める強い願望が、社会全体に広がっていった。

そういう願いの切実さがどこから来るのかを推察せずに、「いい人」つながりの世界を「所詮幻想にすぎない」とか、「現実から逃げているだけだ」と一蹴するだけでは、切実さの底にある社会的現実は変わらないままだ。問題は、「心地よいつながりや場所」を、「一般大衆」にも提供するサービス（商品）が、貧困や格差を広げる構造改革と並行してすすんだことにある。それなりの満足やそれなりの「癒し」を誰でも買えるシステムの出現というわけである。ただし、ささやかな「癒し」さえも得られない貧困状態——ここでの貧困には、「死にたい」とつぶやいたところで誰も振り向かない、いじめ等々の社会的孤立ももちろん含まれる——におかれた人々は、このシステムからも排除されるのであるが。

癒し合える世界の「商品（サービス）開発」が問題なのは、その世界と無縁な存在をさらに深刻な孤立状態に追いやるだけではない。癒すはたらきの有無を基準とする対人評価や社会評価が無条件に肯定的なものとされることが問題なのである。「心地よいはず」「癒されたい」……という期待に反する現実や言説にぶつかり、「そんなことは見たくない、そんな話は聞きたくない」と反応

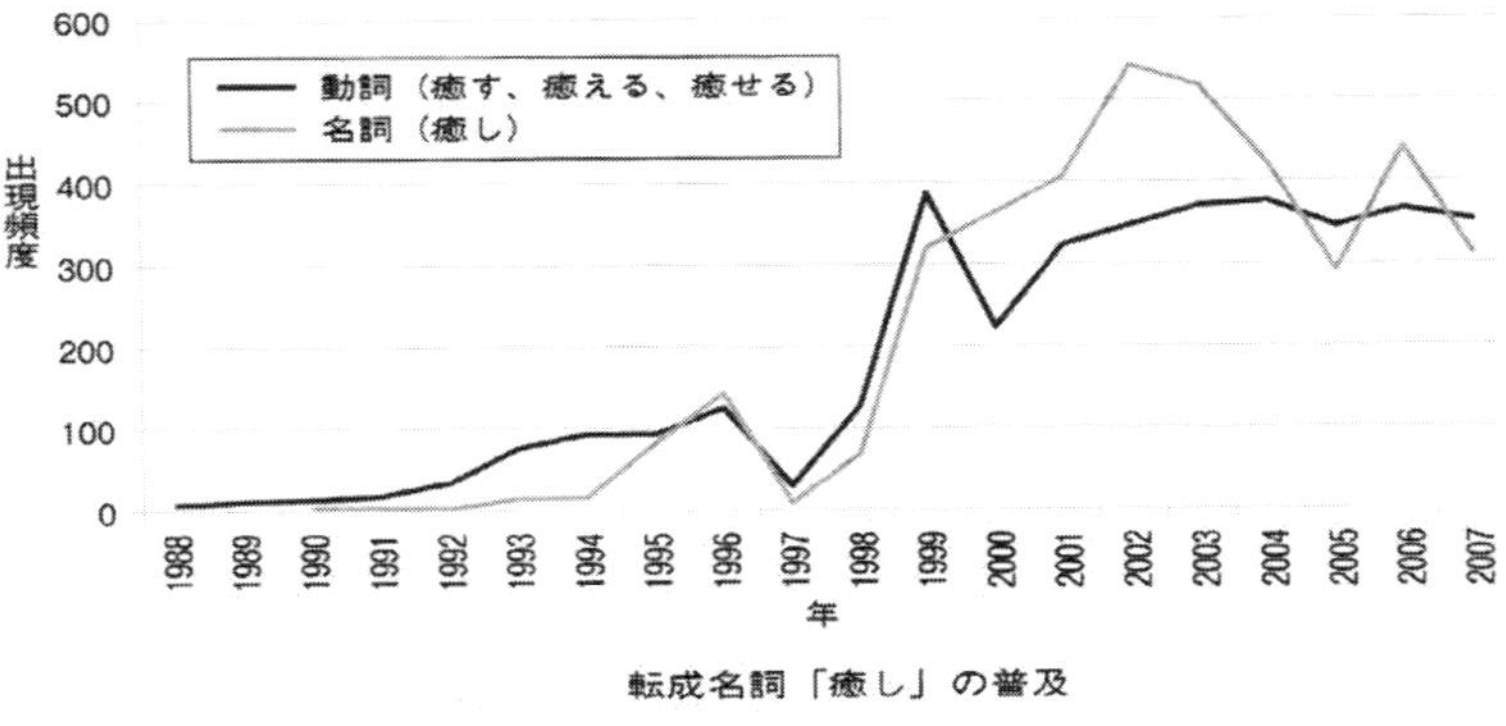

雑誌における「癒し」記事の年次推移／松井剛『ことばとマーケティング』（碩学舎 2013・p・209）

する。確証バイアスと呼ばれる、「見たいものだけを見て、信じたいものだけを信じる」態度である。

癒し合える「いい人つながり」のそうした絶対化は、必然的に、癒す役割を期待され押しつけられる存在を生み出す。〈癒し―癒される〉関係の現実は対等ではない。女性は、ほとんどの場合、癒す側におかれ、その関係を逆転させにくい。「癒しの島沖縄」に期待される特徴・売り物からは、米軍の支配が続く基地の島という現実は取り除かれる。癒されたいと望む側が避けたい現実を「癒し手」の側は見せぬよう振る舞わねばならない。現実には消去できない悪意を遮断することがもっぱら「癒し手」に求められるのである。

心地よい場所であれつながりであれ、この社会の普通のすがた、誰でも望めば手に入る環境ではない。そんな世界に安住できない現実、悪意を想像してかからなければ危ない日常の方がリアルである。しかし、そのリアルな現実を踏まえた言動は、「いい人」つながりの価値基準とは一致せず、その基準を信じられないアウトローのように扱われる。

アウトローという言葉の響きにはソロ充につながるある種の強さがあるので、今はむしろ、クズという呼称がふさわしいかもしれない。

「クズ」とは、「いい人」つながりの社会に寄与できないだけでなく、そうした社会に平然と冷水を浴びせ、破壊さえもいとわない者を指す。世間常識に照らし「人非人」と断定できる（と思う）存在だけではなく、周囲の期待に応えられる能力や気力を持たない者もまたクズと呼ばれる、あるいはそう自称することがある。広義のクズは、その意味で、排除感覚――「いい人じゃない」――

を発動させる「欠陥」すべてに及びうるので、誰でも「クズ」認定の候補となってしまう。*

*「クズ」という表象が若者文化の領域で持つふくみや、「ゴミ」、「鬼畜」といった言葉との類縁関係・異同は興味深い検討対象だが、ここでは触れない。

クズという呼称のいとも気軽な使われ方からわかるのは、「みんな」が期待する心地よい関係や環境を壊して平気な存在は社会の敵だと、ただちに裁断する単純さだろう。「いい人」か「クズ」か、という単純な二者択一の関係で、その判定には留保やとまどいの余地がない。そして、そういう二者択一の判定に叶うように社会の現実が変形を加えられると、「クズ」認定のインフレが進行してゆく。

たとえば、生活保護受給者バッシングの引き金となった不正受給者にたいする非難はその典型と言える。金額ベースで〇・五％程度の、しかも、その内のかなりが高校生アルバイトの不申告といった、説明不足等に起因する不正受給が、その現実を見られることなく、社会の害毒扱いされた。醜悪なことに、それはさらに、生活保護受給者にたいする怠惰視や社会のお荷物扱いにまでつながっていった*。若年層にとっては、自らが受給対象になりうるとは思いもよらず、まして生存権という権利の具体化として生活保護を権利としてとらえることなど想像のはるか外にある。

*以上の経緯については白井康彦『生活保護削減のための物価偽装を糺す！』（あけび書房二〇一四）による。同書は、このバッシングが、厚労省による生活保護費削減に直結していたことをあきらかにしている。消費者物価指

数を偽装する手の込んだやり口で削減を正当化した厚労省の罪は、今にいたるも見過ごされたままだ。

引きこもりやニートというレッテルを貼られた若者にたいする「クズ」認定も同様だろう。若いのに「まとも」に働こうとしない、生活意欲に欠ける者、あるいは、親の自覚が持てず虐待に走る若年家庭、責任意識のかけらも感じられない「バイトテロ」の若者たち……彼らはみな、要するに「社会のクズ」なのだと括られ、その認定にふさわしい「処理」がなされるかどうかだけに社会的関心が集中する。〈善良な社会に刃向かう「ならず者」〉という図式である。「詐欺の子」(NHKスペシャル二〇一九年三月二三日放送)で描かれたような特殊詐欺という犯罪のありさま、受け子の若者が真っ先に捕まる「消耗品」として利用されるメカニズムも、そこに加わる若者たちの背景も、この図式では顧みられることがない。

「いい人」か「クズ」か、という単純な二者択一が優勢な場では、その場に居合わせた者にたいし、「自分は善意(「いい人」としてポジティブ)で悪気なんかない」と示すよう強い圧力がはたらく。「そうだよね」「あなたも私も悪くない」とたがいに確認しあう「いい人」つながりの証明がその場(そこにある社会)での最優先事項となる*。

*こうした相互確認のあり方を筆者は共感動員と呼ぶ。共感動員の特徴については、拙著『「問題」としての青少年』(大月書店二〇一二)を参照されたい。

こうした二者択一の圧力の下で「クズ」認定を避けるためには、「悪意」を表に出さない細心の注意が不可欠だ。そしてその注意には、自分たちの外に、「非難されて当然のどうしようもない人間」がいることの探索や指摘がふくまれている。「絶対に悪い」と安心して言える誰かを炙り出すプロセスである。

「悪意」の表出を避けようとするこの努力――身の周りの社会をつくるやり方、社会形成の枠組み――は、悪意とみなされる範囲・領域を見えにくくし、悪意を持つ存在を肥大化させる。「あなたのことは好きじゃない」と面と向かって言うことは相手の人格の否定でも悪意の表出でもない。「あなたの主張はまちがっている」と言うこともそうだ。にもかかわらず、それらは、「善意」に支えられる社会に脅威を与える「悪意」とみなされかねない。

「善意」の優勢（「クズは許さない」）は、こうして、「クズとみられてはおしまいだ」という不安を広げ、「善意に満ちた社会」という幻想（狂気）に誰もが従うことを強いる。「いい人」か「クズ」かという単純な二者択一が力を持つ社会では、そのようにして、「自分はクズだから非難されて仕方ない」という自己責任感覚が育まれることになる。

社会の悪意に個人の悪意で対抗する

現在の日本社会が基本的に「善意に満ちた社会だ」と考えるのは難しい。善意の押し売り・インフレは怪しい、現実は決してそうじゃないという違和感は、若年層が生きる場の現実を基盤にして絶えず生じる。

社会人として生きられるための展望をリアルに考えようとすれば、「いい人つながり」の社会を現実のモデルとみなすことはできにくい。たとえば、「いくら年金を払い続けても自分たちには返って来ない、払うのはばかばかしい」という若者たちの感覚は、社会への不信が土台にあることを示す。「そんなに甘いことを言ってはいられない」と感じさせる現実があり、「甘いことを言うな」と叱咤して悪意に満ちた社会を自分の力で勝ち抜くよう迫る言説、政策が圧倒的なのだ。

勝ち組、負け組をあからさまに判定する新自由主義的な競争システムの現実に根ざした悪意の力をよく知っている者にとって、善意の肯定と推奨とは嘘くさいだけでなく危なっかしい。「いい人だぁー」と油断したとたん足をすくわれ、クズ認定されかねない危険が潜んでいるのだから。

むきだしの善意にはちょっと距離をおき、悪意という「地」が現れても精神的打撃を受けぬようかまえておいた方が安全だと思う。それは、世間のリアルなつながりに流れている悪意を自分だって身につけている、身につけなければやってゆけないと認めることでもある。「いい人」か「クズ」

かという二者択一に乗せられないための戦術として「悪意」を身にまとうのだ。

悪意のリアリティに依拠して「善意」の抑圧作用に縛られぬようにするそうした感じ方は、格差社会という言葉が日本社会の実像として受容される二〇〇〇年代半ばあたりから、ポピュラー・カルチャーの領域でさまざまに形象化されるようになる。友だち同士でさえ、「愛」や「信頼」を疑わないベタなつながりなど信じられないという了解の仕方がリアルであること、相互不信や表に出さない悪意こそ現実には自分たちを縛っているということ——あらゆる関係を、ひいては社会全体を、デフォルトの状態ではそうなっていると描く物語が若年層向けの文化作品に根づいてゆく。「世の中はそんなに甘くない」という現実認識は、年長者による若者への訓戒とみなされるのが普通だが、そこでは、若者同士が「甘い世の中など実際にはないのだ」と互いに言い聞かせ納得させ合う関係が描かれる。

たとえば、以下は、そうした「醒めた心情表白」が明瞭に描かれた一節である。

「やっぱり、愛してるとでも言ってほしかったのか?」
「そこまでは期待しないけどさー」語尾が小さく消えて、理保は閉じた唇に人さし指を当てる。ごみを払うように小さくその指を動かし、「や、ほんとはそれでもよかったのかな。騙されてた方が幸せなことってのもあるし。本当のことばっかりって疲れるから」
「嘘は苦手《にがて》なんだよ」

「だよね。嘘をつくこと覚えないから、基樹には友達できないんだよ」

「——お前は、嘘ばっかりだからな」

「真実を貫《つらぬ》くには虚構《きょこう》で押し隠すしかないの」

会話が重い。内容なんか問題じゃなくて、ただひたすら、お互いの声が重すぎる。もっと軽やかに楽しげに、俺たちは何の根拠も希望もない言葉をキャッチボールし続けないといけないのに。

それが信頼というもので、それこそ俺たちが交わし合ったチョコレートとキスの約束なのに。

（扇智史『永遠のフローズンチョコレート』ファミ通文庫二〇〇六、一三〇・一三一頁）


愛も信頼も真実も正義もひっくり返してみせるこうした描写はわかりやすい。これと同質の「醒めた心情」は、フィクションの世界だけでなく現実の生活場面でも、ずっとやわらかく気取られにくいかたちで表出されている。

表向きには否定できない真実や信頼や愛の優越性を受け流してみせられるそうしたやり方の底には、自分の振る舞い方もふくめ、悪意（信頼の欠如）に浸された世界にいることへの確信がひそんでいるだろう。誰でも悪意を向けられる対象となり、同時に、悪意の振るい手となりうる状況は、新自由主義的な世界に行き渡る厳然たる現実である*。だからこそ、悪意の形象化は広く受容されるだけの土壌がある。悪意を共有する新たな様式が生まれるということだ。

＊ネット社会でそうした「大衆的悪意」が顕在化しやすいことは周知のとおりだ。たとえば、ネットへの投稿経験者で、悪意ある投稿を行ったことのある者は、スマホでは二六・九％、その内で、投稿した結果、「気が済んだ、すっとした」が最多で三一・九％という。（情報処理推進機構「情報セキュリティの倫理に対する意識調査」二〇一五）

このように悪意を組みこんだ社会関係が広がり、また、「社会とはそういうものだ」という感じ方が一般化することは、日常生活のあらゆる場面で、〈呪詛《じゅそ》（ストーカー的偏執）―ささやかな無視〉といった、いわばミクロな悪意がグラデーション状に展開することを意味する。湊かなえ『告白』（二〇〇九）をきっかけに広がる「嫌ミス」ジャンルの流行は、悪意のこの水平化ないし無差別な散乱を反映しているのではないか。

そうなると、悪意を向けられるのではないかと不安に駆られながら過ごすよりも、いっそ悪意を公然と浴びせられる方がまだ気楽だと感じられもする。以下に引く、悪意のキャッチボールというかたちをとる下層労働者同士のコミュニケーション描写はその一例だろう。

「……私がロス出したのは申し訳無いです。でも、リーダーはその場で注意すればよかったんじゃないですか。それに三ヶ月は見習い期間ですよね？　私、四月に入ったばっかりですよ。だいたいリーダーは挨拶しても無視するし、派遣のギャルへの対応も感じ悪いし、もしかして若いってだけで気に入らないんじゃないですか」

「水田マリ、あんたそろそろ生理前でしょ?」
「そっそうですけど、それ今言う必要ありますか」
「ありありよ。やる気のなさもホルモンバランスと関係あるし、あんた生意気だけど正解よ。若さが気に入らないけど、だったら何よ。あんたもギャルも、オバサン嫌いでしょ? 親切に教えても、オバサンマジうるせーなって思ってんでしょ。あたしの趣味はね、歯向かう奴を早めに辞めさせることなんだから」

（宮崎誉子『水田マリのわだかまり』新潮社二〇一八、六四・六五頁）

では、このように、悪意を身にまとう戦術は、社会システムに政治的・社会文化的に組みこまれた悪意——貧困と格差、もろもろの差別や排除、社会的孤立等々の正当化や固定化をくつがえす回路となるのだろうか。

身の周りにひそむ悪意の形象化を露悪趣味やシニシズムの発露とだけみるのはまちがいだろう。誰かに悪意を向けることはもちろん、たんに悪意を内心に抱くことでさえ、相当のエネルギーが必要だ。匿名による悪意の表明はそうしたエネルギーを不要に思わせるが、攻撃的な意志を持ち態度をとることの内には、それだけのエネルギーがひそんでいる。

たとえ個人的にであっても強い悪意を持ち、他者、社会に対抗しよう、そうできるはずと感じるのは、そうしたエネルギーの力があるからだ。悪意の強さにすがって社会に打撃を与えようとする物語が示すのも、このエネルギーにほかならない。
たとえば、日常生活に現れる悪意の極限的形象化として、想像上の殺人を挙げることができよう。「殺人計画をノートに綴る少女」の物語（逸木裕『少女は夜を綴らない』角川書店二〇一七）のような〈想像上の殺人〉類型は、一方で、悪意を差し向けることで取るに足りない個人を無力化させようとする秩序の圧倒的威力を暗示するとともに、他方では、その悪意を上回る悪意の実行によってこの秩序を破壊しようとする願望を示唆してもいる＊。

＊「……困難があったら、正攻法で乗り越えればいい。そんな風に考えてる強い人間が、嫌いなんです。僕は」

悠人くんの言葉に、私はハッとした。

「反対から考えてみると、正攻法で乗り切れる程度の壁しか、あの人たちの中にはないんだと思います。」

（逸木前掲書一五七頁）

悪意に焦点を当てた文化的想像力のこうした「開花」は、おそらく、偶然のことではない。他者に頼ることができず頼らせることを敗北とみなす日本社会の忠実な反映である。想像上の悪意は現実の世界で発揮される悪意の予期とさえ言うことができるだろう。
もちろん、想像上の殺人は物語上でも実行に移されるとはかぎらない。パワハラ上司の撲殺を想像する主人公が、窮状を打開するもう一つの選択として自死を夢想する物語（夕鷺かのう『今日は天気がいいので上司を撲殺しようと思います』（集英社、二〇一九）のように、悪意の断念や自壊へと気持ちが向き変わる道もある。それもまた、殺したいほどの悪意が萎えてゆく現実を映している。

重要なのは、悪意の持つ現実的破壊力への着目であり描写である。悪意の実行による現存秩序の破壊という想像は、フィクションだからこそ可能な仮想行為ではなく、破壊衝動とその具体化とを予期させ反映させもするパフォーマティブな（現実的行為を促す）機能を持っている。

悪意の物語が予兆しているのは、悪意の徹底によって社会に打撃を与えようとする意思や試みの存在である。海外のテロリズムとは異なるかたちであれ、無差別殺傷事件（「被害者は誰でも良かった」という言明が共通の特徴を示す）や社会からの「弱者」の抹殺を実行する行為（相模原事件、座間事件）のように、社会破壊の実践は、すでに、現代日本にそのすがたを現し始めている。強い悪意を持つことで社会に刃向かう「対抗図式」が生まれ始めている。

この事実に焦点を当て、さまざまな悪意の発露をリアルにとらえることには意義がある。しかし、悪意を身にまとうことにより、悪意に満ちた社会のあり方をくつがえすことはできないだろう。「私は善人じゃない」（「この社会が善意に満ちていると信じるほどお人好しじゃない」）と自覚し表明することには、たしかに、いつ自分に向けられるかもしれない悪意を防ぐ機能がある。「自分が悪いのだから仕方ない」という自己責任の認知フレームを捨てられる点でも、悪意の効果は顕著だ。

けれども、防御のつもりで身につけた悪意は、他者、それも自分より弱い存在を責め立てる武器にもなる。自分への悪意をはね返せる力や手段を持つ強者よりも、それらを持たず、自分より弱い者に悪意を向ける方がずっと容易だからである。

悪意の発露が「隣人」によっていつどこで差し向けられてもおかしくない、世間が悪意に満ちているとはそういうことだ。悪意を身にまとう防御法は、こうして、より効果的な悪意を、より効果的な対象に向けあう関係の先鋭化をもたらすことになる。話題に上ることがらの適否を問い、主張をたたかわす〈議論の舞台〉は、この結果、そこに登場する者の優劣を問い、誰かを排除することの正当性を競う舞台へと変質する。それが、悪意に悪意で対抗する防御法がもたらす帰結なのである。*

*普通の人間による「悪意」の発露には、社会的に無力な存在が悪意を用いる（社会的に作用させる）ことで自らの無力性を脱するという逆転の構造が秘められていた。松本清張作品が形象化した悪意にはその機能が顕著に窺える。『霧の旗』（一九五九〜六〇）のヒロイン柳田桐子が象徴していたのは、「弱者」が試みる無力性の逆転だろう。現在も繰り返し映像化されている清張作品には、新自由主義時代における悪意の再形象化という意味がありそうだが、社会的無力性のかたちが変化するにつれ、無力性の逆転というモチーフは見えにくくなる。桐子像を継承する新城喬子（宮部みゆき『火車』一九九二）のすがたからは、バブル金融に翻弄された無力な（貧困な）存在がひたすら逃亡し抜くための「悪意」が看取できるだけである。社会的に無力な存在に貶められている状態を描写する悪意の威力が弱められたと言ってもよい。批判的アプローチの手法が変化するということでもある。桐野夏生『アウト』（一九九八）のように、非正規労働者（パート女性）による体制秩序解体の情動（悪意を含む）が正面から扱われる物語も新自由主義時代には出現するが、体制秩序から排除された存在がこの秩序に差し向ける悪意の物語は、格差社会の固定化につれ衰弱していった。

排除を正当化する振る舞いは政治から若者を遠ざける

若者が社会人として行動しにくい環境・社会のあり方を問題にするとき、現在の社会秩序におとなしく従い、政治には無関心な若者のすがたが思い浮かべられ、それが若者の保守化と言われる。そういう若者像が若者にものを言わせない社会の特徴をつかんだ上での認識でないことをこれまで述べてきた。

「政治に無関心」「社会にたいしものを言わない」という若者理解にもとづくなら、保守的さらには右翼的な意識を持ち、自分の主張をネットなどで表明し行動（電凸等）する若者は、むしろ、〈若者の政治〉を活発にする一翼に位置すると考えられてもおかしくない。若年層の右翼的意識や右派行動＊は、若者を政治の舞台に登場させる固有の径路ととらえることができるのだろうか。

＊ネトウヨと呼ばれるネット社会での右派言説のにない手も、現実のヘイト行為のにない手も、若年層がその中心をなすという証拠はない。樋口直人らの丁寧な検討（『日本型排外主義』名古屋大学出版会二〇一四等）からわかるように、右翼的意識が育てられる背景は若者全体の保守化という文脈に押しこめるものではない。保守化と右傾化とはそもそも異なる。まして、窮迫した若年層のポピュリズムをそこにみる主張はきわめて一面的だろう。二一世紀に入り、種々の社会・政治問題をめぐって突出した右派言説が繰り広げられようになったのは事実だが、これをもっぱら若年層の特徴とみることはまちがいである。

ただし、年長者とくらべネット社会への参加・没入度が高い若者たちがネット上の右派言説に触れやすく、社会的・政治的判断の根拠をネット社会で流布されるフェイク・ニュースに求めやすいことはたしかだ。まとめサイトのようなネット情報へのアクセス度合いと右派言説への親和度との相関が有意であるとの知見からも、保守化とは区別される、右傾化する若者たちの存在を、その規模はさておき、事実無根と片づけることはできない。

政治的関心の積極的表明という尺度を形式的にあてがうなら、右の問いには、「そのとおり、右派言説、右派行動もまた若者の政治の有力な一翼なのだ」という回答がなされるだろう。右派イデオロギーに騙されているだけの虚偽意識にすぎないという論法では、政治的関心を示していることへの批判にはなりえない。左派言説は「マスゴミ」等々の洗脳によるものだという右派による指摘と、それは同一次元と受けとられかねない。

政治的関心の範囲や内容にあらかじめ枠をはめるように映る若者保守化論は、若者には、「ルールを守れ」という要求と同じようにうさん臭く感じられるだろう。「社会や政治について思っていることを言ってよい」と誘いかけながら、「その意見は右翼的だからダメ」と否定されるように感じ、「大人が押しつける（戦後）民主主義など信用できない」という反発が生まれて当然なのである。自分にとって体制的な秩序や価値観と感じられることがらに対し反撃する振る舞いが右派というレッテルを貼られたように思い、理不尽だと思う。そこで、悪いのは、そうやって「体制」（戦後民主主義）の価値観を押しつける社会、進歩派の方じゃないか、という右派の主張*が説得力を持つようにも感じる。

*こうした「体制」観や戦後日本像には錯誤がある。たとえば、以下の発言に見られる、左翼等の「体制」が社会の支配的潮流だったと言える時期は、戦後日本をつうじて存在しなかった。「単純に本質を分かってないんですよ。本質というのは、いわゆる戦後レジームについての総体的な理解です。……中略……戦後レジームのドツボの中にハマっているのが原因だ、というより他ない。戦後レジームの中で、既得の権益者として、既成の大手マスメディアを筆頭とした、あるいは左翼やリベラル文化人等が隠然と培ってきた「体制」の強烈なパワーが、ヌエのように日本にはあるわけですが、それをインターネットによって完全に切り崩されてしまったわけで、その先頭に立っている政治家というのが麻生、安倍ご両人ですよね」(三橋貴明発言、古谷経衡『ネット右翼の逆襲』総和社二〇一三、二五一～五二頁、傍線中西)

〈若者の政治〉を広げ強力にするという観点から重要なのは、それぞれの主張が右翼的かどうかではなく、〈若者の政治〉を広げ確立する上で不可欠な「民主主義」を担えるかどうかである。社会問題への言及や政治的意思表明、自分の信念を社会生活に具体化する行動等々が若者の政治を豊かにするのはまちがいないけれど、他者の存在を排撃する言説と実践――それは、「ものを言わせない」社会秩序を支え正当化するにすぎない――はそうした政治舞台そのものを壊してしまう。ヘイトスピーチが有害なのは、言論の自由や表現の自由を隠れ蓑にして、社会や政治を語り考えるこの舞台を破壊するからである。

「どんな意見・主張でも言ってよい」というレベルで言論の自由、表現の自由を理解するなら、ヘイトスピーチも、もちろん、言いたい放題となるだろう。「民主主義破壊の主張を民主主義は（どこまでどのように）許容できるか」という論点にかかわるが、ここではそれに触れない。政治的関心の表明には、〈若者の政治〉を支える民主主義への同意及び参加という「制約」があることだけを指摘しておきたい。そうでなければ、ある主張の表明が、そこで挙げられた他者を排除する機能を果たしかねないからである。

こうした「排除の実践」がネット社会に広がっていることは無視できない。いわゆる「炎上商法」のように、社会的、政治的悪意を特定の対象に意図的にぶつける手法を頂点に、他者の排撃を効果的に実現しようとするさまざまなバッシング行動が広がっている。その影響は、とりわけネット社会を生きることが普通の生活の欠かせない一部となった若年層に深刻に現れる。以下の投書はその一端を示すものだ。

「私は、韓国が好きで憧れている部分がある。でも、なぜか韓国が嫌いな人が私の周りには多くいる。私がK-POPが好きだと言うと、「うわーないわ～」と言う。何でそんなふうに思うのか、私にはわからない。「何で好きなの？　韓国のどこがいいの？」とまで言う人もいる。「韓国好きな人とか、なんか変だよね」などと言われるとさすがに悲しくなる。

好き嫌いはあるし、無理に好きになってほしいとは思わない。だけど、韓国が好きな私の前でそのように言うのはやめてほしい。好きなことをばかにされたら誰だって怒りたくなるし、つらい思いになる。他人の趣味を理解しようとすることが、大切だと思う」

（東京新聞二〇一八年一〇月二六日投書・一五歳中学生）

もちろん、「なんか変だよね」といったレベルでの、無自覚の嫌韓意識が植えつけられる回路はネット上の右派言説だけではないだろう。ヘイトスピーチと見紛うほどの見出しが躍る週刊誌等々が日本社会全体に排外的感覚を浸透させてきたからである。しかし、若年層に焦点を当てるなら、K-POPや韓流スターとその日本人ファンへのバッシングがネット社会にあふれていることの政治的効果は大きい。右の投書に反映されているのは、おそらく、そのような状況である。

政治的効果とは、こうしたバッシングに出くわすことで、日韓関係や日韓の歴史認識をめぐる係争問題つまり政治的イッシューにたいする忌避の感覚が育てられること。普通の（普通だと感じている）若者たちを政治に近づかせない新たな秩序が植えつけられるということだ。

さらに加えて、自分の趣味までが忌避や嫌悪の対象となる事態は、日常生活や日常の関心事に社会的抑圧の力が加えられることを意味する。「韓国が好きではいけない」という政治的志向が生活の場に押しつけられる。「政治なものに近づくのは危険」というメッセージとともに、「特定の政治的態度だけを取れ」というメッセージが、日々の生活のただ中へと、これまでよりもずっと身近にかつ効果的に送りこまれる。

ネット社会は、若者たちの生活の場を、これまでにない政治的な戦場へと変化させた。その変化をすべて否定的にみるべきではない。右に挙げた例とは反対に、〈若者の政治〉を励まし活性化する多様なアクションがネット社会の特性を活かし広がっていることも事実である。

ただ、ネット社会での社会的・政治的言説は、まったくの無秩序でないとはいえ、公共圏、公共性にかんする従来の理解や枠組みからはみ出すかたちでなされている。ネット社会における公共性とは何かが問われているにもかかわらず、それについての社会的合意はまだ確立していない。その点を踏まえた上で、民主主義への同意と参加という「制約」をネット社会にそくしてどう具体化するかが求められている。

なお、若者の政治的関心や言動を、錯誤や認識不足を理由に否定し排除すべきでないことをもう一度強調しておきたい。「何も知らないくせに、意見を言う資格などない」という態度もまた、〈若者の政治〉を狭め、衰弱させる。

社会問題や政治にかんする関心・態度あるいは理解がなぜ特定の歪みや曖昧さ、錯誤等々を持つのかについて検討する課題はもちろんある。しかし、「無知で認識不足だからものを言うな」と若者の言動を抑えこむことと、「なぜそうした理解が生まれたのか」を問うことは別である。後者について、若者を組みこんだ社会文化の変動について付言しておこう。

政治的関心のあり方には、その関心がどのような社会的現実に向けられているかをめぐる評価のモノサシがあり、政治的トピックに眼を向けるさいの現実認識が問われるのは当然である。フエイク・ニュースをそのまま受け取り、振りまいてよいのかという疑問があっても不思議ではないだろう。

また、萌えミリ等々のエンターテイメント化された現代日本の戦争文化を、政治と無縁な消費文化の一現象とすませてしまうことも誤りだろう。読みとるべき「社会的なもの・政治的なもの」のそうした看過は、社会的・政治的主題とは無縁だという語り口とアプローチをとる文化にひそむ社会性・政治性に眼が及ばない。「ガールズパンツァー」における軍事・兵器のエンターテインメント化、聖地巡礼を梃子にした地域起こし（茨城県大洗町）との接続は、その一例だ。見るべきは、「悪気はないし、受けるネタに過ぎないものに目くじらを立てる連中（サヨなどと蔑称される）こそおかしい、政治的だ」という「防御法」を備えた作品群が政治文化の有力な一角を占めるようになった事実である。〈若者の政治〉を用意した文化資源とは、内容・方向の点で逆を向いた文化資源が存在するということである。

こうした文化変動の進行は、現代の国防文学、戦争文学と言ってよい作品群が、『沈黙の艦隊』（かわぐちかいじ・一九八八〜九六）が注目された九〇年代初頭とは比較にならぬほどの広がりで生み出されていることからもわかる。

『空の中』（メディアワークス、二〇〇四）を皮切りに自衛隊を舞台とするボーイミーツガールの物語を定着させた有川浩、戦場に生きる少年少女を描く多数のライトノベル、マンガ作品、神野オキナ『カミカゼの邦』（徳間書店二〇一七）に鮮烈に描かれた内戦のモチーフ等々。「この世界の片隅で」に代表される反戦・厭戦の系譜もまた戦争文学の枠内に位置づけられ、それはたとえば、あびゅうきょが描く日本主義の現代版といえる物語（『晴れた日に絶望が見える』幻冬舎コミクス二〇〇三など）とは対照をなす。国防文学・戦争文学の圏内における認知フレームの対峙があり、この対峙は今日の政治文化のありようをポピュラー・カルチャーの次元でも鋭く映し出している。こうした変化の進行が戦争文化・国防文化の出現と自覚されていないのは、私たちの意識の落とし穴と言うべきだろう。

現代日本の社会文化に特有のこうした右傾化の様相、特徴をくわしく論じるのは本書の主題ではなく割愛する。右に触れた動向、右派言説の内容・論法・認知フレーム等は新たな日本主義の社会文化的土壌をつくりだしており、これらに対する批判的検討はゆるがせにできない課題である。

V

〈若者の政治〉を深く
手ごたえのある希望につなぐ

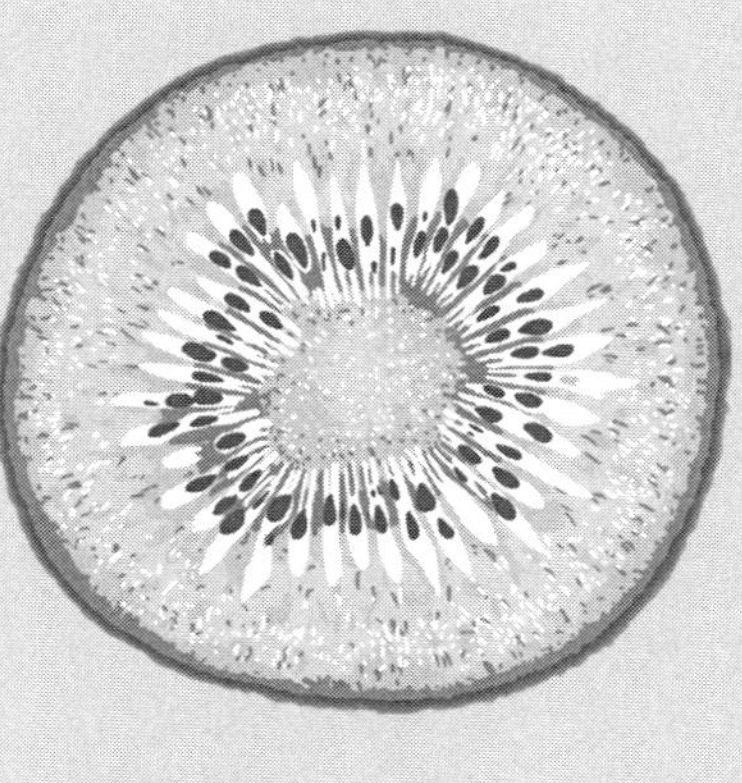

これまでの社会の延長線上に未来を描けない

前章でみたように、自分が思うこと感じること、いまおかれている状況のおかしさや疑問を政治の場に、自然に、普通に持ち出すことは、現代日本の若者にとって依然として難しい作業だ。社会的圧力を加えられる勢力として人口をとらえると、若者人口の減少は若者の持つ社会的・政治的影響力の減退につながるようにみえる。若年層が軽視される社会で政治にかかわったところで徒労に終わるだけじゃないかと感じても無理はない。

しかし、これまで述べてきたことからわかるように、「政治の場」とは、本来、「偉い人」や「政治家」が仕切っていて、普通の人間はせいぜい希望を言わせてもらえるだけの場、選挙の時だけ目の前に現れる選択機会を意味するのではない。そういう政治の場のとらえ方を改めないことには、疑問も意見も普通に出せる社会は生まれないだろう。

自分たちがいま生きている場から声を出すこと、それを社会に受けとめさせること――そういう試みを実際に行い始めた若者たちの存在は、たとえそれが社会全体を動かす規模にまで広がっていないとしても、〈若者の政治〉を目に見えるようにした点で大きな意味を持っている。若者にものを言わせない既存の政治の壁が厚いからと言って、「やはり多くの若者は政治に無関心なのだ」と片づけてしまうのは、普通の人々にものを言わせない政治に目を向けようとしない態度だと言わざるをえない。

大きくみて政治の舞台に普通の人々が上がる道はかぎられ塞がれている。安倍政権のすすめる政治の核心には、普通に生きる人々の声を受けとめず政治参加を妨げる手法がすわっていた。この現実を踏まえるなら、既存の政治舞台に直接現れることがなく、政治行動にすぐさま結びつくこともない政治意識のあり方に深い注意を払う必要が出てくる。

もちろんこの場合の政治意識には、現在の日本社会にたいする見方、生活上のさまざまな問題への見方等々をふくむ、広い意味での「社会的関心」がふくまれる。たとえば、選べるなら原発より太陽光発電がいいという意識、異性愛だけが自然だと押しつけるのはおかしいという感じ方……さまざまな場面で生まれるそうした感じ方は、まぎれもなく、政治的意識の表れと言える。生活感覚や日常倫理のなかに溶けこみ、一人ひとりの社会への向き合い方に影響を与えているこの政治意識のすそ野は、実は、広い。だからこそ、ものを言わせない政治をすすめる支配層にしても、日常感覚の内側から頭をもたげる政治的な意識の動向に神経を尖らせ、その成長を抑えこむために種々の手立てをとっている。

では、日本社会の現在と未来について若者たちが抱いている平均的な意識を、右に述べた政治感覚という視点で眺めると、どのような特徴が浮かび上がるだろうか。言い換えれば、〈若者の政治〉を産み育てる底流にある意識・感覚はどうとらえることができるだろうか。

バブル期の日本を遠い過去のこととして生きる若者たちに広く共通する意識は、思うに、高度成長期からおおよそ半世紀にわたって続いてきた成長経済モデル*に背を向けて生きる感覚ではないか。これまでの成長経済像に乗っかったまま日本社会の未来を描くことや、自分たちのライフコースを想像することは難しいということだ。

*企業主義秩序と開発主義的保守政治とが結びついたこのモデルの特徴については、後藤道夫、渡辺治の多年にわたる研究を参照されたい。九〇年代後半からの社会の新自由主義化がすすむ以前には、若年層のライフコースも将来展望も、このモデルが描く社会に着地することが公式の目標とされていた。

そんな感覚の存在を裏づける証拠は数多い。たとえば、将来の社会像についてみると、明るい見通しを持つ若者は少数であることがわかる*。自分の生活についても、経済的成功や社会的地位の上昇を求めるよりも、家族や親しい人々とのんびり暮らす望みの方がずっと強い。立身出世主義が優勢だった時代ははっきりと過ぎ去った。シューカツを何とか成功させたいのも、ブラック企業を避けたいのも、「成功を収めよう」という志向ゆえではなく、他の人と同様に普通に生きてゆきたいと願うからである。

*内閣府前掲調査、マクロミル継年調査(「新成人に関する調査」)など。

そんな風に感じさせる背景に、普通に働き暮らすことすら容易でないきびしい現実があるのは言うまでもない。ひとつ間違えば貧困にのみこまれ浮き上がれない不安は、若年層に広く共有されていて、そんな心配がないと言える者は決して多数派ではない。

ただし、肝心なのは、そうした不安が、「だからがんばって（競争に勝って）成功するのだ」という上昇志向につながってはいない点だろう。何としても豊かさにしがみつこうという「ハングリー精神」が強まるのではなく、たとえ未来に希望が持てなくとも、せめて身の周りの平穏な暮らし、無理せずにすむ働き方くらいは大切にしたい――「普通に生きてゆく」望みとはそういう意味である。

こう言うと、「大体、ろくな苦労も努力もしないで豊かさに慣れきった若者だから、甘い考えでいられるのだ」という反発が、成長経済の時代を過ごした大人の側からすぐに返ってくるにちがいない。「豊かな日本」でぬくぬく育った若者の「やわな」現実認識にすぎないと切り捨てる態度である。「自分たちだって若い時は、会社で段ボールに寝て働き続けたんだよ」といった苦労自慢――「それに比べいまの若い奴は我慢が足りない」という非難が暗にともなっている――と同種の受けとり方と言ってよい。

だが、その反発は、事実認識の点でも、若者たちの社会像や価値観にたいする評価の点でも、見当外れだと言いたい。

「豊かな社会に生きる若者」というイメージが、貧困にいつ陥るかもしれない膨大な若者たちの存在を見ずにいる点は、あらためて述べるまでもないだろう。「甘い考えだ」と非難される社会像や価値観についてここでは検討してみたい。

「できればあまり働かないで生きたい」といった望みもふくめて、無理せず働くことや、のんびりした生活は贅沢で甘い考えなのだろうか。

筆者にはそうは思えない。「あくせく働きたくない」という気持ちを抱くのは、長時間労働をはじめ、若者の多くが経験している非人間的な働き方を思えば、当然ではないのか。それは、「きびしくても頑張ります」と言わされ、「やりがいのある仕事なのだからいくらきびしくても苦にならないだろ」と、理不尽な働き方——上司の一声でアフターファイブにつき合わされるのも仕事の内だ——に誘導される日本の職場環境、企業体質にたいする、ささやかな拒絶の意思ではないのか。

「働かずにすむならその方がよい」という気持ちでいるからといって、若者は働かないと断定はできない。必要を感じ意義を感じられる仕事（訓練、修行……）にとりくむ若者たちのすがたは社会のさまざまな分野で確認できるはずだ。むしろ、十分に力を発揮してもらえるだけの環境を用意できないことの方にこそ問題があるのではないか。そう疑ってみることもできず、もっぱら、若者の「やる気」不足を問題視するのは、かりにそう非難するのが経営者だったなら、マネジメント、ガヴァナンスの欠陥を棚に上げた責任回避の振る舞いと言うべきだ。「無理な働き方はゴメンだ」という感覚はまったく正当であり、よりよい働き方を考えてゆくための貴重な出発点のはずである。

「ささやかでも、身近な人とのんびり暮らせればよい」という願い（価値観）も、しばしば、夢の実現につき進む覇気や意欲の低さだと、否定的に評価される。「実現できるかどうかは別に、やりたいことのひとつくらい持っているのが普通の若者じゃないのか、それなのに……」というわけである。

そうやって「夢」を言わされるのはさぞしんどいだろうと想像する。近しい人とのんびり暮らすことだって立派な夢ではないのか。「のんびり」や「ささやか」、「平穏」の中味は多様だと思うが、最低賃金も雇用保障も年金も、「健康で文化的な最低限度の生活」を保障しない社会で、このように願うのは「こころざし」が低いどころか、多数が共感できる将来像、夢ととらえてよいはずだ。

問題は、したがって、若者が抱く夢は「大志」でなければいけないし「大志」のはずという思いこみの方にある。しかも、その「大志」には、どうやら、特定の範囲、条件があるらしい。

ささやかで平穏、のんびりでは何が物足りないと大人は感じるのか。成長経済の存続を前提に考えると、それでは消費活動が減退してゆくばかりで、引いては経済成長を減速させるのではないかという心配がひそんでいそうだ。「車離れ」を筆頭に、若者の消費行動が変化し、従来想定されてきた消費意欲の衰えが問題視され、どうやって若年層の購買意欲をかき立てるかが消費市場の課題として提起されている。実際、トヨタ自動車がシェア事業に乗り出したことに示されるように、若者は自動車を買わない。海外旅行に出かけなくなったと言われ、休日でも外出せず自宅で過ごせると言う若者が増えている（JR東日本企画「Move 実態調査2017」）*。

*若者の海外旅行離れ現象が二〇〇〇年後半に起きたという知見（中村哲・西村幸子・高井典子『「若者の海外旅行離れ」を読み解く』法律文化社二〇一四、第一章）からは、この時期の二〇代層の経済的ひっ迫が推測できる。

ＪＲ東日本企画前掲調査では、二〇代の六割超が自分を「ひきこもり」と認識している。若年層の生活行動の変化は顕著である。

「家呑み」という言葉が象徴するように、できるだけ金を使わず、生活・行動圏は安心できる範囲に保つ。ネット上の活動範囲は大きく広がったが、それだけ費用をかけているわけではない。要するに、金のかかる消費行動を控える消費のミニマリズムが進行している。そういう状態が進むのは経済にとってマイナスだというのが、これまでの成長経済を前提にした「心配」なのである。

しかし、日本社会の先行きをリアルに考えるなら、こうした憂慮は事態の核心をとらえていない。将来の安心のために今から少しでも貯金しておかなくてはと感じる若年層の生活実態からみて、消費を控える意識が一般化するのは不思議ではない。そういう節約感覚がわかるというだけでなく、余計な（と感じる）消費に食指を動かさない態度には、それ以上の積極的な意味があると思う。学齢期からの長い競争からこぼれ落ちず、企業戦士として期待に応え、より上の地位、より「高級な」欲望をどん欲に満たすといった人間像に同調しない点がそれだ。若者の内でおそらく多数派を占めるこの感覚は、経済システムをふくむ社会のかたちの変更と結びつきうる。*

*もちろん、シェアリングエコノミーを新たな成長経済モデルの一環に位置づける動向もある。シェアリングビジネスの利用層が高年収であること（野口功一「『ミレニアル世代』の意識とは」『宣伝会議』二〇一八年一月号）が示唆するように、格差を前提にした経済・社会秩序に若者を馴致《じゅんち》する回路へと彼らの生活感覚が誘導される可

能性も無視できない。

既存の成長経済の枠内で生きることに疑いを持たず、これに適応する人間になれと要求する大人たちの主張に若者の多くが魅力を感じないのは当然だろう。成長経済を軸に据えた社会のあり方に距離をおく心性、感覚が浸透していることは、憂慮すべき事態ではなく、むしろ、意義深い事態だと受けとりたい。

〈若者の政治〉として明瞭にすがたを現していないにせよ、成長経済に背を向ける若年層の感覚は、一九九五年、二〇一一年と時を隔てた二つの震災が象徴的に示した日本社会の厄災——新自由主義構造改革による社会の劣化、就業条件の悪化と貧困化……——から彼ら彼女らがつかみとった批判的社会像を反映している。右肩上がりの経済成長を土台にしなければやってゆけない人生像、将来像には魅力が感じられない。そういう社会のあり方にまるで疑問を持たず、「夢を追え」と叱咤する「ポジティヴさ」に距離をおく意識や態度は、リアルな現実認識であるだけでなく、いまある社会とはちがう社会を想像する一つの径路でもあるだろう。

自分なりに社会にかかわる——コミュニタス型の社会実践

成長経済に背を向ける意識を持っていても、すぐさま現在の社会を変えてゆける具体的な行動に踏み出せるわけではない。そのことに目をつけ、若者の意識を後ろ向きな姿勢の現れとみなす主張も少なくない。実際にはおとなしく会社の言うことをきいて働いているだけじゃないか、便利な消費生活に慣れきった若者にそこから離れるような行動ができるはずない……といった具合に。

しかし、社会の現状にたいする忌避感は社会を変える構想や具体的な行動に結びつかない——そういう評価を下すのはリアルな認識とは言えない。

現存の社会システムや社会秩序を組みかえようとする、あるいは事実上組みかえる効果を持つ、さまざまな分野での構想、プログラムに若者たちが参加しているからである。たとえば、子どもの貧困を克服するための学習支援事業には数多くの若者たちがかかわっているし、社会的引きこもり者の支援でも同様だ。社会的企業や事業型NPOに加わり、環境保全事業や地域コミュニティ、地域経済の再生にとりくむ若者たちのすがたもある。

これらの活動を総称して、社会的なつながりを再生・再編し、創造しもする社会プログラムと呼んでおこう。社会的つながりの再生・再編・創造をもたらす活動の特質は、では、どう考えられるだろうか。

三・一一直後には「絆」という言葉が盛んに使われ、利害関係を超えた善意のつながりを指すものとイメージされた。しかし、人々の共同的関係をどのようにとらえるかについては、社会思想、社会理論の分野でさまざまに検討され議論されており*、絆のこのイメージはあまりに曖昧である。

ここでは、都市計画・建築思想の領域を中心に使われてきたコミュニタスという言葉を用い、コミュニタス型社会実践と呼ぶことにする。

＊たとえば、協同組合運動での協同とはどんな意味か、社会連帯という考え方はどこから生まれどんな特徴があるか等々。

コミュニタス型社会実践の領域は、協同組合運動、NPO事業、社会問題にとりくむさまざまな行動といった、社会運動としてイメージされやすい活動よりもずっと広い。たとえば、ソーシャル・アートなどと呼ばれるアート活動の実例からは、社会にコミットし社会をつくりかえようとする多様なアイディアや行動を知ることができる＊。

＊アート&ソサエティ研究センターSEA研究会編『ソーシャリー・エンゲイジド・アートの系譜・理論・実践』（フィルムアート社二〇一八）、『美術手帖』二〇一六年六月号特集「コンテポラリー・アート・プラクティス社会と関わるアーティストの実践」などを参照。

演劇であれ音楽であれ、コンテストや部活といった制度の枠からはみ出す豊富な活動範囲、活動可能性があることもわかるはずだ。それらが、どのように「はみ出して」いるかは後述するが、その自由度は、成長経済とこれを至上命題とする社会体制とに背を向ける志向を持ちながらも、その志向を実行できる当てや行き場がみえない若者にとって、近づきやすく魅力的に映って不思議ではない。

　コミュニタス型社会実践とは既存の秩序に収まりきらないかたちで人々のつながりを生み出すそうした活動を指す。既存の秩序に収まりきらないからといって、現実の制度、秩序と切り離されているわけではない。協同組合にもＮＰＯにも法的枠組みはあり、現にある秩序との葛藤を孕みながらそれぞれの目標を追求している。

　また、トップダウン型の権威主義的秩序が覆い尽くしているかにみえる企業組織の世界でさえ、コミュニタス型のつながりは、たとえば家庭責任を負う者同士の相互扶助等々、いたるところに出現しうる。労働組合が「組合員の要求を実現する」という目的に活動範囲を限定する合理的組織であるだけでなく、要求実現のアクションをつうじてメンバー同士の協同関係を育てる機能を持つことも、コミュニタス型社会実践の広い浸透範囲を示す。

　さらに、周囲の反応や圧力を気にせず気軽におしゃべりができ、たがいにグチを言い合える場やつながりにまで視野を広げるなら、コミュニタス型の社会実践が育つ土壌がきわめて広大であることに気づく。企業主義秩序が家庭生活や社会生活を縛りつけてきた日本社会では、会社の枠を超え、横のつながり、結びつきを広げることは難しかった。男性社員は定年まで、地域社会にかかわる時間もなく、地域社会の政治は自由にものが言える環境を保障して来なかった。会社組織に典型的な上下関係の秩序が社会生活に深くくいこんでいたから、日々の生活に横につながる関係をつくることが難しい。そんななかで、一つの企業内だけでなく、職場や会社を超え労働者が自由に集まり、つきあえる機会・環境の拡大は、支配層にとって、既成の社会秩序、支配のしくみを不安定化させる「危険な要因」なのである。

ＳＮＳの発達が、そうした意味で、これまでの社会秩序を不安定化させているのは事実だろう。そして、ＳＮＳをいち早く使いこなす若年層が、社会組織の縦割り型秩序に囚われぬつながり方を広げていることも見逃せない。

ただし、もちろん、社会再編とも言えるそうした変化が、そのまま〈若者の政治〉回路を拡大させるとは言えない。ビッグデータの利用や個体管理とでも呼べそうな、個人個人に焦点を当てた統制手法の発達など、民主主義を無力化する支配のメカニズムもまた緻密になっているからだ。政治的トピックだけでなく、社会的事件から身の周りの出来事まで、ネット社会で交わされる応答、勧誘（誘導）、宣伝、威圧や共感……の数々は、政治的舞台の構築をめぐるある種の白兵戦なのである。

コミュニタス型社会実践の特徴と機能とに話を戻そう。

社会プログラムへの参加は政治的に社会を変える行動とは縁遠いようにみえるが、そうではない。縁遠く見せ感じさせているしくみによって、若者の加わる多様な社会的行動が政治と切り離されていることの方が問題なのである。

自分が関心を持ち必要や意義を感じとれる課題に自発的に参加することは、それ自体がすでに社会的・政治的な性格を帯びている。その課題が政治問題であるかどうかを問わず、社会に呼びかける活動であり指示や命令によらず自分たちで考え決める活動だという点で、社会性、政治性を帯びているのだ。組織された活動でなくとも、たとえば、できるだけ地元の商店やスーパーで買い物をすることだって、グローバル経済（グローバル資本主義）にのみ込まれない振る舞いという政治的性格を持っている。

さらに、そうやってとりくまれる課題が、さまざまな場面で、現実政治とかかわることもあきらかだ。政治行動として普通にイメージされる署名、集会、デモといったかたちではなくても、要請や交渉、ＳＮＳなどの手段を用いた社会への訴えかけなど、社会運動の一つに数えられるような活動がそこにふくまれていることは疑いない。子どもの貧困を克服するための学習支援活動は、子どもたちの生活困難に直面せざるをえないし、非正規就業へと子どもを送り出してゆく就業構造の問題にぶつからざるをえない。「善意のボランティア」という支援像の枠内にとどまっているのでは、学習支援がめざす使命は完結しないのである。

若者の力を活かすと言いながら、彼らの活動から政治にたいする注視やコミットメントを取り除いてしまう統制がはたらいている点に注意しよう。

たとえば、環境保護の理念も行動も表だって非難されることはないが、辺野古の土砂埋め立てに抗議すると、たちまちその理念は無視され行動は妨害される。高校授業料無償の施策を実施しながら朝鮮高校を除外するのは差別だと言えば、教育問題とそれとは別だという主張によってはね返される。主張してよいこと、行動が許される範囲がそのように規制され縛られている状態を統制というのである。

ここに挙げたあからさまな統制だけでなく、必要な行動だと思っても、「そういうのは政治的に見られてしまうからまずい」とためらわせるような力（忖度、遠慮）がはたらくことも統制の一つだ。ボランティア活動に参加する若者が「感心だね」と賞賛される場合にも、政治的な活動でないから安心という前提（そう感じさせる統制）がひそんではいないだろうか。

「政治的であることは偏っている」というこうした通念は、それ自体が実に政治的だ。「熱心に社会的活動を行うのは良いこと、政治的な振る舞いは悪いこと」という二分法は、政治にたいする忌避感・嫌悪感を強め、政治の領域とさまざまなかたち、径路で結びつきを持ち、またそうでなければ問題を解決できない活動から、「政治的であること」の意義や可能性を消し去ってしまう。

冒頭で引いた社会活動への参加意識の低さ＊は、こう考えると、客観的には政治と深くかかわる行動が私的な関心事とみなされたり、非政治的な善意の枠内での社会参加だと感じられたりしていることに深く関係していそうだ。

＊「社会をよりよくするため、私は社会に於ける問題に関与したい」という設問で、日本（そう思う 四四・三％、そう思わない三七・六％）とフランス（そう思う五〇・九％、そう思わない三六・三％）スウェーデン（同五二・九％、三四・三％）との差は極端に大きいわけではない。ドイツ（七六・二％、一六・三％）における参加意識のきわだった高さから言えそうなのは、社会参加意識の高低がそれぞれの社会における政治の全体構造に規定されているという点である。

政治にかかわることについての、このあまりに狭いとらえ方——前述のようにそれは社会的に誘導された結果作られた感覚だった——を脱するなら、多様な社会プログラムへの参加は、政治にたいする視野を広げ、政治の舞台に自分たちを位置づける有力な回路となるだろう。それはつまり、生活の場に政治を取り戻すことを意味する。

社会を変えると言えるほど大げさなことではない？

コミュニタス型社会実践はどのような意味で既存の体制秩序から「はみ出す」のだろうか？現在の日本社会が見過ごし取りこぼした問題、困難を拾い出し解決しようとするボランティアのような活動を社会変革の運動と特徴づけることには抵抗感があるだろう。たとえば、社会的引きこもり者への支援は彼らの社会復帰を支える活動なのだから、社会を変える運動だとは言えない、という具合に。

対人ケアの多くの領域で行われている社会プログラムは、資金獲得のために制度的支援・補助を要求するといった課題を除けば、社会運動とも政治とも一線を画すようにみえる。社会的弱者の困難を解消するとりくみは、つまるところ、社会に生じた歪みやひずみを補正して、困難に陥った人たちを旧の生活に復帰させることだから、「元に戻す」こと、社会の一員として包摂すること（インクルージョン）で社会変革などという大げさなものではない——これが普通のとらえ方だろう。

いまぶつかっている困難を少しでも解消し、よりよい状況を実現する局面に焦点を当てれば、この理解がまちがいとは言えない。社会を変えることが難しくても、現在のしくみの範囲内で利用できる制度や資源を使い、いまよりもましな、当事者にとって望ましい状態を実現するプログラムと実践は必要だし成り立つからである。

しかし、その場合でも、社会を変えるという課題・機能は、いまよりましな状態を求める行動の外側にあるのではない。

「旧に復する」という目標が現時点では非現実的な問題、困難を想定しよう。生活するのに車イスを不可欠とする人にとっての「よりまし」とは、車イスなしの生活に戻るという意味での「回復」を前提せず、車イスを使いながらいまより快適に過ごせる状態を意味する。同様に、震災からの復興をめざすという目標がフィクションでしかない現実に直面する被災者にとっての「よりまし」とは、避難を余儀なくされ、壊された暮らしを、「旧に復する」のとは別のかたちで立て直し、願っている幸福に近づくことである。

こう考えるなら、ここに挙げた例のような困難への対処、社会プログラムの実行は、そのプロセス自体が社会形成の一環をなす創造的な性格を帯びていることになる。

「治らない人間に医療費をかけるのはムダ」という考え方がまちがいなのは、「病を持ちながら生きられるようにする」しくみや文化を生み出す創造的はたらきが、社会の柔軟さ強靭さ、さらには効率性さえも高めうること気づかないからだ。社会発展の重要な要素となる試みがムダに見え、切り捨てられる。この狭く貧しい社会像を脱することができるなら、社会を変えてゆく多様な可能性が浮かんでくるだろう。たとえば、貧困を克服するための努力は、貧困に苦しむ人々への実効的な支援であるだけでなく、何世代にもわたる貧困を生み出し再生産する社会のあり方を変える構想と実践でもある。

若者の困難に引き寄せて、以上のような視点に立つ意味を考えてみよう。九〇年代末からのざっと二〇年間に若者たちが直面してきた困難の数々は、まとめて言えば、政治の場に参加できる一員と扱われないこともふくめ、社会に出ることの難しさ、社会人と位置づけられない状況＊に由来する。

＊くわしく触れることができないが、この状況を社会化の機能不全と呼ぶ。就職の困難は職業的社会化の機能不全であり、政治社会の構成員と扱われないのは政治的社会化の機能不全だ。

社会の一員として当然保障されるべき位置・環境が保障されていないことに由来する困難を克服しようとするプログラムや試みは、そのすべてが、社会をどう変えどのように組みなおすかという主題につながっている。

注意深く眺めると、さまざまな困難の「現場」に身をおく若者たちのちょっとした言動の中にも、そうした「組みなおし」に向かう芽を発見できるだろう。費用をかけない家呑みでのお喋りににじむ、「いま（既成の社会秩序が優勢な）とはちがうつきあい方」だって、社会を組みなおす一つの要素となるのだ。上司の自慢や職場の「オジサン」のグチ話にはつきあわないことも、ネットでブラック企業の行状をせっせとたしかめることも、その一つひとつが、毎日の雑事内に散りばめられた一コマに過ぎないとしても、あるいは、私的で非政治的振る舞いのように見え受けとられても、いまとはちがう社会を探す試み――小さな、しかし、創造的な試みへと結びつく現実的な入り口になりうる。

社会の一員として正統に位置づけられず扱われない若者たちの状況（それは現代日本の大半の若者が直面する状況だった）は、このように、この状況を変えようとするさまざまな場面での試みを触発する。必要なのは、そうした試みにひそむ「社会の変え方」への接近を見逃さないこと、より多くの人が発見しやすい共通の場、社会的視界へと、そうした接近を持ち出すことではないだろうか。

社会を「組みなおす」場面は、さまざまな困難、葛藤や矛盾が現れる場、それらと同じ場所で生まれる。〈若者の政治〉を妨げ、現代日本に充満する悪意にひるみ、問題を個人個人の責任範囲に押しこめるような場に、そうした状況全体をひっくり返す反転の入り口がある、ということだ。

ポジティブなことしか考えてはいけないという視点の固定化は、それだから、こうした反転の可能性を見失わせる。「否定的だ」「暗い」……といった理由で、現にある「ダークな世界」からの告発、訴え等々を拒むことも同様である。ネガとポジとは裏合わせになっており、無縁な関係にあるのではない。前章で触れた社会退出の行動化は、自分が生きられる世界としての社会をどう取り戻すか、取り戻せるかを、否定の側から映し出していた。自分が人間とみなされず、それだけの価値がないと感じさせられ扱われてきた側からみた「生きる権利」は、たとえば、以下のように語られ、とらえられている。

「はっきり申し上げまして、こんなもの（憲法25条―中西）は完全に有名無実化しています。それにこの条文を守るための施策を行政が本気で行うことには、国民の大多数が猛反対するでしょう。生活保護受給者へのバッシングも凄いですし、民主党政権下での子供手当その他の直接給付政策への批判も壮絶でした。

自分の考える第25条改定文案は「すべての国民は、健康で文化的な最低限度の生活を自力で営めなくなった際には、自殺する権利を有する。国は、自殺を希望するすべての国民に身体的、精神的に苦痛のない死を提供しなければならない」です」

（黒子のバスケ脅迫事件被告最終意見陳述、渡邊博史『生ける屍の結末』創出版二〇一四、二九一頁）

生存権がないがしろにされている現実におかれていること、生存権の否定を日々経験すること、そんな場所にいて、「それならば、私を殺せ」と社会に迫っている。「日本社会は生存権をフィクションにしているのだから、フィクションであることを認め、具体的に示せ」という、この叫びは、「生存権を有名無実でないリアルな力に変えよ」という、社会の組みなおし要求のすぐ手前にある。

しかし、同時に、ここで提案されている二五条改定文案は、「自力で生きられなくなった人間は死なせた方がよい」という優生思想への入り口でもある。相模原事件の加害者は、まさしくこの入り口を通り、生存権の否定を、一つの現実として、日本社会の一つの自画像として指し示した。そうではないことを挙証したいのなら、生存権を否定しない社会的現実を本気で出現させること、そのように社会を組みなおす試みが不可欠なのである。ネガとポジとが裏合わせとはそういうことだ。

社会を組みなおすための武器

現在の日本を支配している権威主義的な秩序、野蛮な働かせ方や競争主義、貧困の脅威等々がいくら嫌だと感じていても、それらから逃れるためにできることは個人の努力に限られている、社会全体を組みなおすといった大きな話はリアルではない――そう感じる若者は多数だと思うし、その感じ方も、ある意味では当然だろう。社会システムを、現実的に、もっとも効果的に動かせるのは権力であり、普通の人間とりわけ若年層は、そうした権力（政治的なそれはもちろん、経済的権力からも社会的な権力からも）から遠い位置におかれているからだ。

さて、しかし、ネガとポジとが裏合わせにあることを思いだそう。現代日本の若者たちがおかれている困難や矛盾は、社会を組みなおす視点や構想、実践を生み出す出発点（支点）ではないだろうか？

いまの社会、いまの状態を決してこのままでいいとは思えない、「思えない」というその感じ方をかたちにし、社会的な現実にしてゆくために、二一世紀世界の入り口で大人になろうとしている若者たちが使える武器は何か、それを最後に考えてみることにしよう。

まず、権力を持たない存在であることの力（ポテンシャル）について。

権力を持たない普通の人々は、権力を振るうことで自分の望む状態をつくり出せる可能性がほぼない。「ほぼ」という限定をつけるのは、たとえば、社会的には権力と無縁な人間でも、家庭内で暴力による支配を行うことは可能だからだ。

たとえ小さな権力であれ、それを振るって他者を抑えつける機会・状況（罠）は、普通の生活場面にもつねにある。職場でのパワハラやセクハラ、家庭生活でのＤＶ、学校でのいじめ等々は、この暴力的な支配――従属関係の具体化にほかならない。社会生活のさまざまな場面で、振るおうと思えばできてしまう権力行使を抑えこむことは、したがって、社会の組みなおす試みの日常的実践と言える。

権力を持つ側の自制という方向からこの組みなおしをとらえることもできる*が、組みなおしの核心は、権力を持たない側が、持たないからこそ、別の仕方で抑圧的関係を取り除くやり方にある。

*自分の意思をうまく表明できない子どもに対する大人の態度のように。

自分が権力をえるとか、有力者にすがって助けてもらうといった手段（それは、本質的には、権力がつくっている秩序に自分を組みこむことであり、社会の組みなおしではない）を除くと、権力を持たぬ側が自分たちの状況をひっくり返すことはまず無理と感じるだろう。社会的に無力な状態を脱するのは、無力という状態の定義上、そもそも、不可能にみえる。

だが、自分に降りかかる難題、理不尽な困難——社会人としての生を送る環境・条件をまだ獲得できないという点で大半の若者は困難な状況に置かれやすい——を独力では解決できないという無力さこそ、そこから社会を組みなおす梃子《てこ》となりうる。独力では無理な以上、「衆を恃《たの》む」仕方で困難と対峙する以外にはない。

さしあたり自分に降りかかった困難でさえ、集団でそれに対処するしかないこと、つまり、個人の努力や責任の範囲に閉じこめられた問題を、〈わたしたち〉という社会的な場へと解き放つことで可視化し、共有すべき課題へと変身させること——それが、権力を持たぬ側が社会を組みなおすただ一つのやり方である。

「弱者」が強者を打ち負かす手品のように見えるが、絵空事でも荒唐無稽な願望でもない。ユニオンの力の土台がそうした集団性にあること＊は、たとえばその一例だ。「署名活動に影響力など感じられない」という者もいるだろうが、change.org のようなネット上の署名活動が効力を発揮する例は少なくない。何に効果を認めるかの問題はあっても、無力な状態を覆す梃子としての集団性を否定することはできない。

＊法で認められているからユニオン活動に影響力があるという理解は、集団性という土台に支えられたユニオン活動が法認を獲得した歴史からみて逆転している。

集団的であること、集団として社会的に見えていることのこうした力を考えれば、無力な存在を孤立させることの悪しき意味はあきらかだろう。権威主義的な秩序、社会・政治体制を維持しようとする権力者は、全力を挙げて「無力者」「弱者」の孤立を追求し、集団的意思があきらかにされても、その効力を否定する。社会的孤立は貧困の一次元であると同時に、政治的支配の有力な手段なのである。

権力を持たないがゆえに無力な状態に押しこめられた存在を「弱い個人」と呼ぼう。弱い個人という言葉は個人に焦点を当てているようにみえるが、その定義からして、共通の特徴を持つ集団的な存在である。

弱い個人の集まり、集団としての意思形成は、自律的で自己の意見を持つ個人＊の意思形成・社会の編成原理とは異なる。自分の意思を意見として表明できない子どもの場合を考えれば、これはすぐにわかるはずだ。子どもに限らず、沈黙を強いられた存在（社会に対する発言権が乏しい若年層もそうだ）に向かって、「ものを言わぬ以上、決まったこと、決まっていることに従え」という場合、弱い個人の意思は社会から徹底的に排除されるしかない。

*近代民主主義の思想では、政治権力の構築を支えるという意味での「強い個人」が想定されている。

だれでも意思表明できるという民主主義秩序の公式は、この場合、通用しない。「だれでも」の中に、声が出せない、意思を問われる機会・条件がない、声を出すこと自体が引かれる対象となる……といった、さまざまな「弱さ」を抱え込まされた人々*が具体的、実質的に入っていないかぎり、意思形成の自由はフィクションにすぎない。それだから、民主主義的秩序の公式が、社会をつくるリアルな力を発揮するためには、強いられた沈黙を破り沈黙の中にさえひそむ声を聞き取れるようなしくみと意思形成の技法——社会を組みなおす民主主義が必要なのである。

*弱い個人の弱さは、社会から「弱くあること」を強いられた結果であり、その人の特徴や属性ではない。

民主主義イメージの革新という観点から、右の課題を深めることが必要だが、本書ではこれには触れる余裕がない。現代日本の若者たちが、民主主義秩序の公式に対し不信感を持っていることや、各人の「強さ」「弱さ」を敏感につかむセンサーを備え、たがいの応答関係や対処の仕方を民主主義の公式とはちがう仕方で柔軟かつ繊細に組み立てていることなどは、いずれも、社会を組みなおす民主主義の探索に接続しうる。それらを、人間的な社会を成り立たせるための自己教育、自分たちが持ち合わせている「資源」を使って、社会の組みなおしに役立つみちすじや手段を習得するという意味での自己教育という視点でとらえるべきではないだろうか。

社会を組みなおす民主主義にとって「弱さ」が役立つと述べたけれども、それは、「弱者」という社会的位置、立場の共通性をもとにして社会集団としての力を発揮できるという意味ではない。なぜなら、前章で触れたような悪意の存在がたがいのつながりに忍びこんでくる社会では、「弱者なのだから一緒に社会を組みなおす」という出発点を築きにくいからだ。

「弱者」と一口に言っても、「弱さ」の内容、範囲や深浅にはちがいがある。「お前より苦しいヤツだってきっといるだろうよ、弱者ヅラしていい気になるな」という攻撃がいつ降りかかってくるかわからない。「弱さ」の散在、孤立化を促す権力的な作用が社会生活に浸透している状態と言ってよい。

では、このように散らばった「弱さ」を束ねること、そうできる関係論（組織論）とはどういうものか？

「弱さ」のグラデーション、多様性があるからこそ、これを前提とするフラットなつながり方の探索もまた生まれる。悪意の介在による上下関係の出現・固定化を阻止する、そうした探索は、いわば、平場をつくる民主主義と呼べるだろう。アルバイトだから、女だから、子どもだから、若者だからといった、それぞれの属性や地位、社会的評価等々の差異による上下関係の正当化を拒否する民主主義である。

「弱さ」が一律に特徴づけられず扱われない現実から出発するからこそ、異なるやり方で「弱さ」を押しつけられた存在をたがいに結びつける平場の民主主義が育つ可能性がある。

最初に取り上げた〈若者の政治〉のいくつかの特徴は、この可能性を示唆していると思う。たとえば、「私はこう思う」という意思表明のかたちは、意見を言えるだけの「強い個人」の存在証明のようにみえるが、実際には、ずっと「低い」位置からの「こう思う」ではないか。何も言えないでいる友だち、同世代の人たちがたくさんいることはわかった上で、その無言の人たちの「空席」を承知した、「私はこう思う」という表明ではないのか。

政治を動かせるだけの資力はもちろん、「能力」や知識、経験がないからという理由で「観客席」にすわっているしかなかった者が政治の舞台に上がれるとすれば、その舞台にふさわしく振る舞うという資格や条件が取り除かれたときである。

権力を持たない者が政治という舞台で起こす行動は、その行動を通じて、舞台に上る者に求められてきた資格や条件を取り除き、観客席に縛りつけられた「無力者」が舞台に参加できる階段をつくり出す。つまり、政治という舞台にまだ加わることのできない人々用の場所を舞台上に確保し、そこにやって来る「だれか」をあらかじめ排除しない。つまり、他者のやって来られる〈場〉が生まれるように、自分の位置と振る舞いとを、注意深く調整する――たがいの「弱さ」を踏まえた平場の民主主義は、そうしたやり方で、「だれでも意見が言える」「政治行動は自由だ」……といったタテマエにとどまらない政治社会のあり方に近づこうとする。

社会に位置づくとは、誰もが位置づくことのできる社会を構築すること、そのように社会がつくりかえられることでなければならない。追求すべき課題は、容易に身動きできない、自分たちの困難を社会に向けて「啓いて」ゆくみちすじがわからない――そんな状況におかれた「当事者」たち*の「可動範囲」を広げ、それぞれの苦境を自分の内側に閉じこめず声を挙げてゆける「場」がどのように生まれ、どんな特徴をそなえているか検討することである。

この観点に立つとき、非政治的だと断罪されることの多い若者たちの社会関係（ウチらのシャカイ圏）にも、権力に訴えずたがいの生きる場を確保するためのさまざまな手がかりが潜んでいるように思う。

*ここでの当事者には、ある問題について「黙ってやり過ごせない」と感じ振る舞う者をふくむ。「身近にかかわる」ことを単純に問題への近さと考えず、自分たちの生きる感覚に近いととらえたい。自分にとって遠いこと・近いことを判断するモノサシ、社会の一員としてコミットするさいの、いわば「遠近法」が変化しつつあるのではないか。ことがらの焦点は、「当事者でもないのに口を突っこむな」というもっともらしい主張が、実は、自らの生きる社会の困難や矛盾にたいし傍観者で居続けるよう促していること――そのことに気づくかどうか、つまり社会人（この社会の一員だという動かせない現実）としての当事者性を引き受けるかどうかという点にある。「それは私にかかわること」と感じとれる「生の感覚」は身の周りの出来事に狭く限定されているわけではない。生活の自然な一部分に「政治」を位置づけるという意味で「政治を取り戻す」いとなみが始まったことは、二〇一〇年代の〈若者の政治〉にみられる重要な特徴のように思われる。

おわりに

若者と政治とのかかわりについて考え始めたのは、オウム真理教事件の社会文化的背景を探るうちに、若者文化がもっぱら風俗現象としかみられない日本社会の歪みを感じたからである。神戸連続児童殺傷事件とこれに続く「一七歳の闇」と呼ばれた少年事件の扱いで、その歪みはますます拡大したように思う。「就職氷河期」の若者たちにたいするアプローチでも、政治的主体としての若者のあり方をとらえる視点は、全体としては弱いままであり、耳目をひく事件が忘れられるのとともに、そうした視点にもとづく検討も注目されなくなった。

この歪みがなぜ生じるのかをふくめ、若者と政治のかかわりをまとめようと思った直接のきっかけは、国会前での若者たちのスピーチを直に聴いたことにある。突出した政治的アクションと受けとられ注目もされた若者たちの言動は、「政治の季節」が過ぎてしまえば、いずれ一過性の事態と受けとられるにちがいない。事実、そうなっているわけで、若者は再び、政治的無関心という認知フレームの下で扱われ、相模原、座間の「事件」、つい最近の川崎での児童殺傷事件にいたるまで、若者の「病理」だけが注目を集める旧来の若者像が復活している。

若者と政治とのかかわりを考えるさい、そうした扱い方の歪みがなぜ生まれるのかについて自覚的でなければいけない。そうでないと、SEALDsやAEQUITASなど、若者たち自身がつくりだす社会・政治運動の理解は平板なものになるだろう。本書では、政治にたいする狭い理解がそうした歪みに関わると考え、「病理」のように扱われてきた若者の意識・振る舞いをも政治の次元でつかみ直すことに注力した。〈若者の政治〉という枠組みを用いたのはそうした意図あってのことである。

かもがわ出版三井隆典氏に本書の出版を勧められてから三年以上を要した。安倍政治の跳梁が続く中、辛抱強く待っていただいた三井氏に感謝したい。

中西 新太郎（なかにし・しんたろう）

1948年生まれ。鹿児島大学教育学部、横浜市立大学国際文化学部を経て、現在、関東学院大学経営学部教授、横浜市立大学名誉教授。現代日本社会論・文化社会学専攻。主な著書に、『人が人のなかで生きてゆくこと』（はるか書房）、『「問題」としての青少年』（大月書店）、『シャカイ系の想像力』（岩波書店）、『〈生きづらさ〉の時代の保育哲学』（ひとなる書房）、『〈生きにくさ〉の根はどこにあるのか　格差社会と若者のいま』（NPO前夜）、『若者たちに何が起こっているのか』（花伝社）など

若者は社会を変えられるか？

2019年8月4日　第1刷発行

著　者　
発行者　竹村正治
発行所　株式会社かもがわ出版
〒602-8119　京都市上京区堀川通出水西入
TEL075-432-2868　FAX075-432-2869
振替 01010-5-12436
ホームページ http://www.kamogawa.co.jp
製作　新日本プロセス株式会社
印刷　シナノ書籍印刷株式会社

ISBN978-4-7803-1040-5　C0036